A PREVIDÊNCIA REFORMADA

Emenda Constitucional 103/2019

JOSÉ JUSCELINO FERREIRA DE MEDEIROS

A PREVIDÊNCIA REFORMADA
Emenda Constitucional 103/2019

Esta é uma produção independente *Independently Published* (2019), tendo como impressão e distribuição a *Amazon.com.*

2019 *Independently Published.*

Dados Internacionais de Catalogação

MEDEIROS, Jose Juscelino Ferreira De; BATISTA, Cleide Regina Queiroz.

A PREVIDÊNCIA REFORMADA

ISBN: 9781710080322

1. Direito. 2. Direito Previdenciário. 3. Previdência Social. 4. PEC/06-2019. 5. Emenda Constitucional 103/2019.

2019

1ª Edição

SUMÁRIO

1 - INTRODUÇÃO

É importante termos em mente que a Previdência Social no Brasil é imbuída de uma série de ações voltadas a assistir os trabalhadores quando de suas aposentadorias, ou seja, tendo a assegurar o pagamento de um benefício previdenciário e/ou de prestação continuada visando assegurar o sustento e bem estar dos aposentados e/ou pensionistas.

Além é claro de manter os vencimentos dos segurados afastados por doença e/ou acidente do trabalho. Daí sua grande importância para todos os grupos de segurados.

No Brasil a Previdência Social é decorrente da seguridade social que é o gênero, consoante artigo 194 da Constituição Federal de 1988, tendo as seguintes espécies:

1. Saúde
2. Previdência social
3. Assistência social

Com isso, mesmo nos dias de hoje existindo um grande incentivo a previdência privada oferecida quase na totalidade pelas instituições financeiras, a previdência estatal ainda é a principal em funcionamento no Brasil.

Por isso, não podemos dar o tratamento a Previdência Social limitado as funções securitárias, pois, temos outros aspectos que devem ser ponderados, como no caso da função social que em certa medida é assegurada pela assistência social.

Temos basicamente dois regimes de previdência social denominados de RGPS (Regime Geral de Previdência Social) e o RPPS (Regime Próprio de Previdência social), enquanto o segundo é destinado aos servidores públicos (nas esferas federal, estadual e municipal) para os funcionários denominados de estatutários, o primeiro fica para os demais trabalhadores celetistas ou não, que contribuem com a previdência social, seja como: empregado, facultativo, trabalhador avulso, contribuinte individual, etc.

Antes da reforma persistiam grandes diferenças entre os regimes acima indicados, com a reforma se aproximaram muito, **especialmente no que se refere a idade e tempo para aposentadorias.**

Por fim, entre a apresentação da Proposta de Emenda Constitucional (PEC) de n. 06/2019 pelo Presidente da República e sua aprovação nas duas casas do Congresso Nacional, diversas alterações do texto original foram realizadas, retoques voltados a minimizar os danos aos trabalhadores, mesmo assim, o texto aprovado está longe de melhor atender as necessidades e especificidades dos segurados do RGPS.

Abaixo passaremos a análise sintética das principais alterações introduzidas pela EMENDA CONSTITUCIONAL 103/2019 que aprovou a reforma da previdência.

2 – A REFORMA DA PREVIDÊNCIA REALIZADA PELA EMENDA CONSTITUCIONAL DE N°. 103/2019

Altera completamente a Previdência Social no Brasil e os seus Regimes em diversos aspectos

No dia 12 de novembro de 2019 a Mesa do Senado da República promulgou a Proposta de Emenda a Constituição (PEC) de n. 06/2019, como Emenda Constitucional de n. 103/2019 que alterou profundamente o artigo 201 da Constituição Federal no que tange a Previdência Social.

Na parte introdutória da EMENDA CONSTITUCIONAL, no seu preâmbulo surge a seguinte afirmação:

"Altera o sistema de previdência social e estabelece regras de transição e disposições transitórias."

A EMENDA CONSTITUCIONAL
objetivamente consignou:

- Idade mínima de 62 anos (mulheres) e 65 anos (homens) para requererem a Aposentadoria Por Tempo de Contribuição, alem é claro de possuir o tempo de 30 e 35 anos respectivamente;
- Idade diferenciada para determinadas categorias tanto do RGPS[1] quanto do RPPS[2].
- Alterou a formula de cálculos para fixar a renda mensal inicial (RMI);
- Alteração no tempo mínimo de contribuição nos RGPS e RPPS.;
- Aposentadoria compulsória;
- Relação das aposentadorias com o salário mínimo nacional;
- Renda mensal das pensões;
- Acúmulo de benefícios;
- Aposentadoria dos trabalhadores rurais;
- Benefícios de prestação continuada (BPC);
- Aposentadorias especiais ou de risco;
- Regras de transição.
- Aplicação da Reforma da Previdência aos servidores públicos dos Estados, Distrito Federal e dos Municípios.

De acordo com a relação acima é crível afirmar que o sistema foi amplamente alterado, o que certamente impactará nas vidas dos segurados de ambos os regimes de previdência, especialmente, no momento de REQUE-

RER SUAS APOSENTADORIAS.

Quanto a necessidade de realização de uma reforma no sistema de previdência há anos que defendemos a urgência, haja vistas, que a pirâmide (contribuinte x beneficiários) a anos se inverteu, contudo, nos moldes que foi aprovada pelo Congresso Nacional discordamos de parte significativa, pois, em análise rápida é possível afirmar que os menos favorecidos foram penalizados, especialmente, os segurados de determinadas regiões do país onde a expectativa de vida é rigorosamente inferior a outras regiões, além, dos segurados que trabalham expostos a agentes nocivos a saúde.

A seguir, passaremos a abordar sinteticamente cada um dos itens acima relacionados.

2.1. IDADE MÍNIMA (art. 201, § 7, inciso I da Constituição Federal de 1988)

A EMENDA CONSTITUCIONAL 103/2019 estabeleceu idade mínima para aposentadoria por tempo de contribuição para os segurados de ambos os regimes, ou seja, os do Regime Geral de Previdência Social (RGPS) como para os do Regime Próprio de Previdência Social (RPPS), antes da reforma da previdência não se exigia idade para os segurados do regime geral de previdência social, homens se aposentavam aos 35 anos de contribuição e as mulheres aos 30 anos.

A Reforma introduzida pela Emenda Constitucional acima fixou idade mínima de 62 anos (mulheres) e 65 anos (homens) para aposentadoria por tempo de contribuição.

2.2. IDADE DIFERENCIADA PARA DETERMINADAS CATEGORIAS PROFISSIONAIS (Art. 201, § 7, inciso II, § 8, da Constituição Federal de 1988)

Para fazer jus a aposentadoria por tempo de contribuição além do tempo contribuído com a previdência, com a reforma se exigirá idade mínima de 62 anos (mulheres) e 65 anos (homens) para ambos os regimes (RGPS e RPPS), **contudo, algumas categorias mantiveram idades diferenciadas, além, das regras de transição que será objeto de análise em item próprio.**

Das profissões que asseguraram idade diferenciada destacamos:

- **Trabalhadores rurais** – os trabalhadores do campo conhecidos como rurais e os de economia familiar mantiveram a idade exigida anterior a reforma, qual seja, 55 anos para as mulheres e 60 anos para os homens.
- **Professores** – Referidos profissionais mantém uma redução de 5 (cinco) anos na idade referente a regra geral dos demais segurados, ou seja, ficou aprovado a idade em 57 anos (mulheres) e 60 anos (homens), contudo, antes da reforma se exigia idade de 50 anos (mulheres) e 55 anos (homens) mais 25 e 30 anos de contribuição respectivamente para a aposentadoria dos professores.
- **Segurado que trabalha exposto a riscos agressivos a saúde** – Aqui é o caso das aposentadorias especiais ou de

risco, onde a nosso ver houve grande retrocesso, pois, a Reforma estabeleceu idade de 55, 58 e 60 anos para concessão da aposentadoria desses trabalhadores. Os riscos aqui tratados são aqueles que prejudicam a saúde, como: Ruído, calor, vibração, frio, etc.

- **Segurado com deficiência** – Aqui se manteve as regras da lei complementar 142/2013, que assegura a aposentadoria por tempo de contribuição aos portadores de deficiência, com contagem de tempo diferenciada de 25 a 33 anos de contribuição. Além da hipótese da aposentadoria ocorrer aos 60 (sessenta) anos de idade para homens e 55 (cinqüenta e cinco) anos para mulheres que contem o tempo mínimo de 15 anos de contribuição, sendo 10 anos de efetivo exercício no serviço público e 5 anos no cargo efetivo.

2.3. ATEROU A FORMULA DE CÁLCULOS PARA FIXAR A RENDA MENSAL INICIAL (RMI)

A Reforma da previdência alterou completamente a fórmula de cálculos para fixação da Renda Mensal Inicial (RMI) nos benefícios previdenciários, pois, antes da Emenda Constitucional 103/2019, pegava-se todos os salários de contribuição desde 1994 e, se retirava os 20% de valores menores e com 80% das maiores contribuições se aplicava **o fator previdenciário**[3] e se fixava o valor do benefício.

A Reforma, não despreza nenhum salário de contribuição, ou seja, utiliza todos, iniciando em 1994, usa 60% correspondente a média de todos os salários de contribuição acrescendo 2% a cada ano que ultrapasse 15 anos para mulheres e 20 anos para os homens, ambos do REGIME GERAL DE PREVIDÊNCAIA

SOCIAL.

2.4. ALTERAÇÃO NO TEMPO MÍNIMO DE CONTRIBUIÇÃO NOS REGIMES: RGPS E RPPS

Quanto ao tempo de contribuição se manteve inalterado para aposentadoria por tempo de contribuição, qual sejam 30 anos (mulheres) e 35 anos (homem).

Faz necessário esclarecer que foi alterado o tempo mínimo de contribuição, que antes da reforma era exigido 15 anos (para homens e mulheres), agora se exige 15 anos (para mulheres) e 20 anos (para os homens). A aposentadoria por idade exige 62 anos (mulher) e 65 anos (homem).

2.5. APOSENTADORIA OBRIGATÓRIA

A Aposentadoria compulsória antes da reforma era aplicada aos 75 anos de idade para os servidores públicos do RPPS., agora passa a ser aplicada aos trabalhadores regidos pela CLT[4] das empresas estatais.

2.6. RELAÇÃO DAS APOSENTADORIAS COM O SALÁRIO MÍNIMO NACIONAL

Grande discussão foi travada nesse ponto, inclusive, a proposta inicial do governo retirava da constituição a obrigação voltada ao reajuste dos benefícios previdenciários, contudo, o Congresso Nacional manteve no texto a obrigatoriedade de reajustes periódicos para evitar a perca do valor dos benefícios.

O salário mínimo fica como piso dos benefícios previdenciários, ou seja, nenhum benefício previdenciário e/ou de prestação continuada poderá ser inferior ao salário mínimo nacional.

2.7.   RENDA MENSAL DAS PENSÕES

Quanto ao valor das pensões por morte que foi objeto de inúmeras discussões e debates, contudo, o valor ficou inferior ao que se pagava antes da reforma, pois, com a Emenda Constitucional 103/2019 o valor das pensões será estabelecido através de cotas familiares de 50% (cinqüenta por cento) acrescida de 10% (dez por cento) por cada dependente.

2.8.   ACÚMULO DE BENEFÍCIOS

A Emenda Constitucional 103/2019 não permite o recebimento de duas aposentadorias ou duas pensões decorrentes do mesmo regime de previdência social. Sendo assim, com algumas exceções da área da saúde no RPPS não se acumula mais benefícios previdenciários.

2.9.   APOSENTADORIA DOS TRABALHADORES RURAIS

Para aposentadoria dos trabalhadores rurais além da idade mínima exigida de 55 anos (mulheres) e 60 anos (homens) acima já tratada, a Emenda Constitucional 103/2019 fixou tempo mínimo de contribuição e/ou de atividade rural de 15 anos para os atuais trabalhadores e 20 anos para os novos.

2.10.   BENEFÍCIOS DE PRESTAÇÃO CONTINUADA (BPC)

O Benefício de Prestação Continuada (BPC) é pago as pessoas portadoras de deficiências e aos idosos em estado de vulnerabilidade que não possuem renda familiar. A PEC 06/2019 no texto inicialmente proposto pelo governo apresentava inúmeras alterações na forma de concessão, bem como, no valor do benefício que em alguns casos chegava a R$. 400,00 (quatrocentos reais) o que praticamente inviabilizava a sua obtenção e função social, contudo, o Congresso Nacional acabou rejeitando a proposta e manteve o BPC nas condições que antecedem a Reforma da Previdência.

Destarte, o BPC será concedido aos idosos e as pessoas portadoras de deficiências, sendo o benefício no valor de 1 (um) salário mínimo nacional.

2.11. APOSENTADORIAS ESPECIAIS OU DE RISCO

2.11. 1. Noções Gerais

A Aposentadoria Especial foi instituída na década de 1960 com o objetivo de incentivar a **aposentadoria precoce** para os trabalhadores que desempenhavam e desempenham suas atividades expostos a agentes nocivos a saúde e integridade física.

Na década acima foram os decretos 53.831/64 e 83.080/79 que regulamentaram o direito a aposentadoria especial.

Com a Constituição Federal de 1988 foi assegurado o direito ao meio ambiente adequado e salubre para os trabalhadores e, inclusive com a contagem de tempo diferenciada para efeitos de concessão de aposentadoria especial.

No ano de 1991 houve a promulgação da Lei 8.213/91 que regulamentou os benefícios previdenciários como um todo e, no seu artigo 57 "in verbis" conceitua como benefício previdenciário de APOSENTADORIA ESPECIAL como aquele concedido ao segurado que tiver trabalhado em condições especiais que prejudiquem sua saúde e integridade física, vejamos:

> Art. 57. A aposentadoria especial será devida, uma vez cumprida a carência exigida nesta Lei, ao segurado que tiver trabalhado sujeito a condições especiais que prejudiquem a saúde ou a integridade

física, durante 15 (quinze), 20 (vinte) ou 25 (vinte e cinco) anos, conforme dispuser a lei.

O referido artigo determina ainda nos seus parágrafos 3°, 4°, que o SEGURADO DEVERÁ COMPROVAR PERANTE O INSS A EXPOSIÇÃO A AGENTES NOCIVOS QUIMICOS, FISICOS, BIOLÓGICOS E/OU A ASSOCIAÇÃO DELES.

Regulamentando o comando legal supra o INSS editou as Instruções Normativas de n°.s: **IN 118/2005 e IN 27/2008 e 45/2010, todos com um capítulo próprio tratando da CONCESSÃO DE APOSENTADORIA ESPECIAL.**

Com isso, temos até abril de 1995 o enquadramento de atividade especial para aposentadoria por categorial profissional, nas modalidades de 15, 20 e 25 anos de trabalho. Possibilitando, ainda a contagem do tempo trabalhado até abril/1995 como especial acrescido de 40% (quarenta por cento) para requerimento de Aposentadoria Por Tempo de Contribuição, para aqueles que naquela data não tinham o tempo exigido para concessão do benefício de aposentadoria especial.

Após 28/04/1995 data da publicação da lei 9.032/95 não mais se tolera o enquadramento por ATIVIDADE PROFISSIONAL, ou seja, por profissão. Tendo, o segurado a obrigação de comprovar a efetiva exposição habitual e permanente a agentes nocivos a saúde e integridade física acima dos limites de tolerância[5].

A comprovação da exposição aos riscos acima para efeitos de aposentadoria em primeira análise deverá ser comprovada através dos formulários próprios do Instituto Nacional do Seguro Social (INSS) que devem ser preenchidos pelas empresas. Atualmente, o documento próprio denomina-se de PPP – Perfil Profissiográfico Previdenciário, extraído de informações e análises técnicas do LTCAT (Laudo Técnico das Condições do Ambiente de Trabalho) das empresas.

Ocorre que, casa vez mais as EMPRESAS dificultam a prestar informações com análise quantitativas de determinados agentes agressivos a saúde como: ruído, calor e vibração. Tendo o segurado que em muitos casos recorrer a Justiça para comprovar que trabalhava exposto a agentes agressivos e buscar a sua aposentadoria especial ou de risco.

A REFORMA DA PREVIDÊNCIA aprovada pela EMENDA CONSTITUCIONAL 103/2019 retrocedeu e muito no direito a aposentadoria especial/risco, pois, ao nosso ver na pratica inviabilizou o exercício de referido direito. **VEJAMOS:**

1. A Emenda Constitucional 103/2019 traz idade mínima de 60 anos para aposentadoria especial além da obrigatoriedade de comprovação de 25 anos de efetiva exposição a agentes nocivos acima dos limites permitidos, o que hoje pela legislação em vigor é bem difícil comprovar.

2. O valor da aposentadoria não é mais integral, o que por si só desestimula completamente a pretensão de requerer o benefício.

3. Para períodos posteriores a Emenda Constitucional 103/2019 não será possível fazer a conversão do tempo especial em tempo comum para buscar a aposentadoria por tempo de contribuição, na situação em que o segu-

rado não detém o tempo de efetiva exposição para aposentadoria especial.

2.11.2. Aposentadoria Especial ou de Risco dos Trabalhadores em Transportes

Os CONDUTORES aqui entendidos como (motorista de ônibus urbanos, cobradores e motoristas de caminhão) até 28/04/1995 **tinha assegurado o direito a aposentadoria especial aos 25 anos de trabalho**, aposentadoria essa que independe da idade e de fator previdenciário, ou seja, não tem qualquer redutor no valor do benefício.

Após a data acima, conforme já explanado deu-se o fim da aposentadoria especial por profissão, o que impediu que esses trabalhadores em transporte pudessem lograr o direito a aposentadoria especial, o que indiscutivelmente trouxe prejuízo demasiado a todos esses profissionais.

Com a exigência da comprovação da atividade insalubre e prejudicial à saúde acima dos limites permitidos, muitos condutores tentaram fazer tal enquadramento se valendo dos agentes agressivos a saúde como: Ruído e calor, contudo a maioria esmagadora não teve qualquer êxito, haja vistas, que ao nosso entender a maior possibilidade se dava com o ruído em vista da portaria 3.214/78 do Ministério do Trabalho que estabelece o limite de tolerância 84 decibéis para jornada de ate 8 horas, em que em tese não traria nenhum dano a saúde do trabalhador. Contudo, para efeito de aposentadoria especial o decreto 3.048/95 estabeleceu o limite de 90 decibéis, o que praticamente inviabilizou a comprovação por parte dos segurados, pois, as avaliações de ruído nos veículos e caminhão em media ficavam abaixo de 90 decibéis.

Que de 1995 até 2010 raríssimos foram os casos de trabalhadores em transportes que conseguiram fazer referida comprovação, até mesmo porque como acima demonstrado o agente comum seria o RUIDO, contudo, para efeito de aposentadoria se exige exposição à RUIDO acima de 90 Decibéis e, com a modernização dos veículos normalmente não se consegue comprovar.

A partir de 2010 (junto com outros profissionais da área de saúde e segurança do trabalhador) começamos um trabalho de levantamento ambiental das condições de trabalho dos motoristas e cobradores de ônibus (em São Paulo e Belo Horizonte), onde através de pericias judiciais conseguimos comprovar que os condutores trabalham expostos a vibração de corpo inteiro (VCI) acima dos limites permitidos e, a partir de então conseguimos fazer aposentadoria de vários CONDUTORES, inclusive, outros profissionais copiaram esses estudos e também conseguiram aposentar tantas outras pessoas.

A partir de 14/08/2014 o MINISTRO DO TRABALHO DO BRASIL alterou a Norma Regulamentadora de nº. 15 e elevou a quantificação da exposição a vibração em aproximadamente o dobro, o que tem praticamente inviabilizado o enquadramento por exposição a vibração após essa data e, conseqüentemente **IMPOSSIBILITADO a APOSENTADORIA ESPECIAL DE 25 ANOS DOS MO-**

TORISTAS COBRADORES DE ÔNIBUS.

Por último, a Emenda Constitucional 103/2019 acaba por ceifar referido direito pois estabelece idade de 60 anos, obrigatoriedade de comprovação da exposição, alem de alterar o valor do benefício que começa no valor de 70% (setenta por cento), antes da reforma era integral.

Com isso, é imprescindível que o Congresso Nacional reveja essa incoerência que levou ao estabelecimento de idade e de redutor no valor do benefício de aposentadoria especial, do contrário certamente inúmeros serão os trabalhadores acometidos de acidentes e doenças ocupacionais.

Quanto a regra de transição por pontos para as aposentadorias especiais de 25 anos não tem razão de ser, pois, acaba elevando a idade de 60 anos (regra geral para aposentadoria especial de 25 anos) para 61 anos, pois, são necessários 86 pontos com 25 anos de efetiva exposição, quando se retira os 25 anos de 86 pontos fica 61 anos de idade.

2.12. APOSENTADORIA POR EXPOSIÇÃO A PERICULOSIDADE

A Proposta inicial apresentada pelo governo vetava a utilização de periculosidade para efeito de concessão de Aposentadoria Especial. Contudo, o Congresso Nacional retirou do texto tal vedação e, já está a discutir um projeto de lei específico para regulamentar a aposentadoria por exposição a periculosidade.

2.13.   REGRAS DE TRANSIÇÃO

A Emenda Constitucional 103/2019 estabeleceu ao menos 06 (seis) regras de transição para concessão de benefícios previdenciários de aposentadoria, abaixo trataremos delas. Para tanto é importante dividir as regras de transição por regimes de previdência, ou seja, as do RGPS e do RPPS, consoante tabela abaixo:

RGPS – Regime Geral de Previdência Social	
Os segurados do referido regime poderão se aposentar antes de completarem as idades de 62 anos (mulheres) e 65 anos (homem) nas condições abaixo:	
Por pontos[6]	É necessário que o segurado tenha 30 anos (mulher) e 35 anos (homem) de contribuição, alem, do total de pontos 86 (mulher) e 96 (homem).
Por idade	É necessário que o segurado tenha 30 anos (mulher) e 35 anos (homem) de contribuição, mais a idade de 56 anos (mulher) e 61 anos (homem).
Pedágio e fator previdenciário	Aplica-se aos segurados que quando da publicação da Emenda Constitucional 103/2019 tenha 28 anos de contribuição (mulher) e 33 anos de contribuição (homem), poderá se aposentar desde que cumpra um pedágio correspondente á 50% do tempo faltante a 30 anos de contribuição (mulher) e 35 anos de contribuição (homem). Nesse caso, para se fixar a RMI será levada em consideração a média de todos os salários de contribuição desde o ano de

	1994 e se aplicará o fator previdenciário.
Pedágio (100%)	Aqui o pedágio é de 100% do que faltar para completar o tempo que falta, contando a partir de 30 anos de contribuição (mulher) e 35 anos de contribuição (homem) e, tendo a idade de 57 anos (mulher) e 60 anos (homem).

RGPS – Regime Geral de Previdência Social	
REGRAS DE TRANSIÇÃO DAS APOSENTADORIAS ESPECIAIS	
Por pontos	- 66 pontos (para aposentadoria especial de 15 anos). - 76 pontos (para aposentadoria especial de 20 anos). - 86 pontos (para aposentadoria especial de 25 anos).

RPPS – Regime Próprio de Previdência Social	
Os segurados do referido regime poderão se aposentar antes de completarem as idades de 62 anos (mulheres) e 65 anos (homem) nas condições abaixo. Aqui tratamos dos servidores da UNIÃO, haja vistas, que os Estados e Municípios foram retirados da reforma:	
Por pontos	É necessário que o segurado tenha ao menos 20 anos de contribuição, com 5 anos no cargo, idade de 56 anos (mulher) e 61 anos (homem), alem, do total de pontos 86 (mulher) e 96 (homem).
Por idade	É necessário que o segurado tenha 30 anos (mulher) e 35 anos (homem) de con-

	tribuição, mais a idade de 56 anos (mulher) e 61 anos (homem).
Pedágio (100%)	Aqui o pedágio é de 100% do que faltar para completar o tempo que falta, contando a partir de 30 anos de contribuição (mulher) e 35 anos de contribuição (homem) e, tendo a idade de 57 anos (mulher) e 60 anos (homem).

2.14. APLICAÇÃO DA REFORMA DA PREVIDÊNCIA AOS SERVIDORES PÚBLICOS DOS ESTADOS/ DISTRITO FEDERAL E MUNICÍPIOS

Inicialmente com a apresentação da PEC 06/2019 foi incluído os Estados e Municípios, contudo, o Congresso Nacional retirou e, depois se tentou incluir novamente, porém, a Emenda Constitucional foi aprovada com a exclusão dos Estados e Municípios.

Contudo, encontra-se em tramitação a chamada PEC paralela de n. 133/2019, que busca permitir que os Estados possam aderir as determinações da PEC 06/2019 mediante a aprovação nas respectivas ASSEMBLEIAS LEGISLATIVAS de uma simples lei ordinária.

3 - CONCLUSÃO:

A Reforma da Previdência por muitos aguardada e inclusive celebrada por diveros seguimentos da sociedade, alguns afirma ser um baluarte para o desenvolvimento da economia e do Brasil, contudo, mesmo entendendo de sua importância e necessidade para o país, **resta evidente que parte do que foi aprovado prejudica demasiadamente os trabalhadores.**

A reforma na prática acaba com as aposentadorias especiais ao estabelecer idade e valor proporcional da aposentadoria, pois, com já abordado referidos benefícios previdenciários só fazem sentido se incentivarem a aposentação antecipada, pois, do contrário o trabalhador continuará a se expor as mais variadas condições precárias e insalubres de trabalho.

A preocupação com as aposentadorias especiais é justamente com a saúde e segurança dos trabalhadores, o que foi ignorado literalmente pelo legislador constituinte derivado ao aprovar a reforma da previdência.

Por outro lado, temos que ponderar que diversos estudos apontam que não é a aposentadoria dos trabalhadores do Regime Geral de Previdência Social (RGPS) que impacta mensalmente nas contas da previdência, até mesmo porque segundo dados do próprio governo que consta da reforma da previdência **2/3 (dois terços) dos benefícios previdenciários pagos no Brasil são de 1 (um) salário mínimo.**

Com isso, podemos concluir que a reforma da previdência é importante quando aponta uma grande economia para os cofres públicos, o que socorrerá o tesouro e, em certa medida sobrará recursos para investimentos em outras áreas sensíveis, contudo, lamentavelmente essa conta ficou para os menos abastados, para os trabalhadores que auferem vencimentos de 1 a 3 salários mínimos mensais.

De qualquer forma, torcemos pelo crescimento da economia e do Brasil, pois, com isso, é possível melhorar as condições de vida de nossa gente.

Por fim, o Congresso já está a discutir a Proposta de Emenda Constitucional 133/2019, que tende a corrigir algumas distorções da REFORMA PROMULGADA.

BIBLIOGRAFIA

BRASIL. Emenda Constitucional 103, de 13 de novembro de 2019. Diário Oficial da União, 220, 13 nov. 2019. Disponível em: http://www.planalto.gov.br/ccivil_03/constituicao/emendas/emc/emc103.htm. Acesso em: 15 novembro.2019.

BRASIL. Lei n. 8.213, de 24 de julho de 1991. Dispõe sobre os Planos de Benefícios da Previdência Social e dá outras providências. Diário Oficial da União, 25 jul. 1991, texto original. Disponível em: http://www.planalto.gov.br/ccivil_03/leis/l8213cons.htm Acesso em: 15 novembro. 2019.

BRASIL. Constituição da República Federativa do Brasil de 1988. Diário Oficial da União, 191-A, 5 out. 1988, p. 1. Disponível em: <http://www.planalto.gov.br/ccivil_03/constituicao/constituicao.htm>. Acesso em: 16 nov. 2019.

BRASIL. Decreto n. 3.048, de 06 de maio de 1999. Aprova o Regulamento da Previdência Social, e dá outras providências. DiárioOficial da União, 07 maio

1999. Disponível em: <http://www.planalto.gov.br/cci-vil_03/decreto/d3048.htm>. Acesso em: 14 nov. 2019.

FRAGA, Luís Alves De – **Metodologia da Investigação**. Lisboa: UAL – Universidade Autónoma de Lisboa, 2015.

KERTZMAN, Ivan. Direito Previdenciário. 14. ed. rev., ampl. e atual. Salvador: JusPodivm, 2016

LEITÃO, André Studart; MEIRINHO, Augusto Grieco Sant'Anna. Manual de Direito Previdenciário. 4. ed. São Paulo: Saraiva, 2016.

MEDEIROS, Jose Juscelino Ferreira De.; Os impactos do trânsito no trabalho dos profissionais do transporte coletivo da Cidade de São Paulo. 1ª ed. São Paulo, 2019. *Independently Published*. ISBN. 9781081707460.

ROCHA, Daniel Machado; BALTAZAR JUNIOR, José Paulo. Comentários à lei de benefícios da previdência social. 10. ed. rev. atual. Porto Alegre: Livraria do Advogado Ed.: Esmafe 2011.

RIBEIRO, Maria Helena Carreira Alvim. Aposentadoria especial: regime geral da
previdência social. 5. ed. Curitiba: Juruá, 2012.

AUTOR

MEDEIROS, José Juscelino Ferreira de.

Possui graduação em Ciências Jurídicas e Sociais - DIREITO (Universidade Guarulhos). Especialista em Processo Penal (UNI/FMU). Especialista em Políticas Públicas e Gestão Governamental(EPD/SP).Mestrando/ Doutorando em Ciências Jurídicas pela Universidade Autónoma de Lisboa-Pt. Especializando em Direito do Trabalho pela Pontifícia Universidade Católica (PUC) do Rio Grande do Sul. Advogado trabalhista, previdenciário e sindical. Atualmente é Advogado do Sindicato dos Motoristas de São Paulo. Sócio de Medeiros & Batista Sociedade de Advogados. Assessor Jurídico da Nova Central Sindical dos Trabalhadores de São Paulo - NCST/SP. Integrante dos Grupos de Trabalho GTT do Ministério do Trabalho que discute alterações nas Normas Regulamentadoras NR.24 e NR.15. Integrou a Comissão de Direito Sindical da Ordem dos Advogados do Brasil (OAB/SP) no período de 2016/2018; Palestrante, conferencista Internacional em Direito do Trabalho, Sindical e Saúde e Segurança laboral. Professor e Técnico de Segurança do Trabalho.

TRABALHOS TÉCNICOS:

MEDEIROS, Jose Juscelino Ferreira De.; Os impactos do trânsito no trabalho dos profissionais do transporte coletivo da Cidade de São Paulo. 1ª ed. São Paulo, 2019. *Independently Published*. ISBN. 9781081707460.

MEDEIROS, Jose Juscelino Ferreira De.; DANTAS, A. D. . Reforma Trabalhista: implicações Sociais e Jurídicas para os trabalhadores brasileiros (setor de transporte). Revista do 7º Congresso dos Condutores de São Paulo, São Paulo, p. 10 - 49, 08 nov. 2017.

MEDEIROS, Jose Juscelino Ferreira De.; DO HORÁRIO DE INTERVALO E SEU FRACIONAMENTO NO TRANSPORTE RODOVIÁRIO URBANO DE PASSAGEIROS (Lei. 12.619/2012). 2012.

MEDEIROS, Jose Juscelino Ferreira De.; Aposentadoria Especial e Insalubridade para Motoristas e Cobradores de Ônibus Urbanos. 2010.

MEDEIROS, Jose Juscelino Ferreira De.; Direito Previdenciário: aspectos especiais do trabalhador de transporte. 2010.

MEDEIROS, Jose Juscelino Ferreira De.; SOUZA, E. C. ; FESTINO, L. A. . Condições Sanitárias e de Conforto nos Locais de Trabalho a Céu Aberto. 2007.

MEDEIROS, Jose Juscelino Ferreira De.; SOUZA, E. C. ; FESTINO, L. A. ; SANTOS SOBRINHO, J. B. Condições de Acessibilidade, Conforto e Segurança no Transporte Com Ônibus Coletivo de Piso Baixo Central. 2007.

MEDEIROS, Jose Juscelino Ferreira De.; O Nexo Causal das Doenças Ocupacionais. 2004.

São Paulo, agosto de 2019. JOSE JUSCELINO FER-REIRA DE MEDEIROS

https://josejuscelinoferreirademedeiros.com

jose.juscelino@terra.com.br

Texto **Legal**

DIÁRIO OFICIAL DA UNIÃO Publicado em: 13/11/2019 | Edição: 220 | Seção: 1 | Página: 1 Órgão: Atos do Congresso Nacional

EMENDA CONSTITUCIONAL Nº 103

Altera o sistema de previdência social e estabelece regras de transição e disposições transitórias.

As Mesas da Câmara dos Deputados e do Senado Federal, nos termos do § 3º do art. 60 da Constituição Federal, promulgam a seguinte Emenda ao texto constitucional:

Art. 1º A Constituição Federal passa a vigorar com as seguintes alterações:

"Art. 22. ....

 XXI - normas gerais de organização, efetivos, material bélico, garantias, convocação, mobilização, inatividades e pensões das polícias militares e dos corpos de bombeiros militares; ...." (NR)

"Art. 37. ....

§ 13. O servidor público titular de cargo efetivo poderá ser readaptado para exercício de cargo cujas atribuições e responsabilidades sejam compatíveis com a limitação que tenha sofrido em sua capacidade física ou mental, enquanto permanecer nesta condição, desde que possua a habilitação e o nível de escolaridade exigidos para o cargo de destino, mantida a remuneração do cargo de origem.

§ 14. A aposentadoria concedida com a utilização de tempo de contribuição decorrente de cargo, emprego ou função pública, inclusive do Regime Geral de Previdência Social, acarretará o rompimento do vínculo que gerou o referido tempo de contribuição.

§ 15. É vedada a complementação de aposentadorias de servidores públicos e de pensões por morte a seus dependentes que não seja decorrente do disposto nos §§ 14 a 16 do art. 40 ou que não seja prevista em lei que extinga regime próprio de previdência social." (NR)

"Art. 38. ....
....

V - na hipótese de ser segurado de regime próprio de previdência social, permanecerá filiado a esse regime, no ente federativo de origem." (NR)

"Art.39.. .
....

§ 9º É vedada a incorporação de vantagens de caráter temporário ou vinculadas ao exercício de função de confiança ou de cargo em comissão à remuneração do cargo efetivo." (NR)

"Art. 40. O regime próprio de previdência social dos servidores titulares de cargos efetivos terá caráter contributivo e solidário, mediante contribuição do respectivo ente federativo, de servidores ativos, de aposentados e de pensionistas, observados critérios que preservem o equilíbrio financeiro e atuarial.

§ 1º O servidor abrangido por regime próprio de previdência social será aposentado:

I - por incapacidade permanente para o trabalho, no cargo em que estiver investido, quando insuscetível de readaptação, hipótese em que será obrigatória a realização de avaliações periódicas para verificação da continuidade das condições que ensejaram a concessão da aposentadoria, na forma de lei do respectivo ente federativo; ....
....

III - no âmbito da União, aos 62 (sessenta e dois) anos de idade, se mulher, e aos 65 (sessenta e cinco) anos de idade, se homem, e, no âmbito dos Estados, do Distrito Federal e dos Municípios, na idade mínima estabelecida mediante emenda às respectivas

Constituições e Leis Orgânicas, observados o tempo de contribuição e os demais requisitos estabelecidos em lei complementar do respectivo ente federativo.

§ 2º Os proventos de aposentadoria não poderão ser inferiores ao valor mínimo a que se refere o § 2º do art. 201 ou superiores ao limite máximo estabelecido para o Regime Geral de Previdência Social, observado o disposto nos §§ 14 a 16.

§ 3º As regras para cálculo de proventos de aposentadoria serão disciplinadas em lei do respectivo ente federativo.

§ 4º É vedada a adoção de requisitos ou critérios diferenciados para concessão de benefícios em regime próprio de previdência social, ressalvado o disposto nos §§ 4º-A, 4º-B, 4º-C e 5º.

§ 4º-A. Poderão ser estabelecidos por lei complementar do respectivo ente federativo idade e tempo de contribuição diferenciados para aposentadoria de servidores com deficiência, previamente submetidos a avaliação biopsicossocial realizada por equipe multiprofissional e interdisciplinar .

§ 4º-B. Poderão ser estabelecidos por lei complementar do respectivo ente federativo idade e tempo de contribuição diferenciados para aposentadoria de ocupantes do cargo de agente penitenciário, de agente socioeducativo ou de policial dos órgãos de que tratam o inciso IV do caput do art. 51, o inciso XIII do caput do art. 52 e os incisos I a IV do caput do art. 144.

§ 4º-C. Poderão ser estabelecidos por lei complementar do respectivo ente federativo idade e tempo de contribuição diferenciados para aposentadoria de servidores cujas atividades sejam exercidas com efetiva exposição a agentes químicos, físicos e biológicos prejudiciais à saúde, ou associação desses agentes, vedada a caracterização por categoria profissional ou ocupação.

§ 5º Os ocupantes do cargo de professor terão idade mínima reduzida em 5 (cinco) anos em relação às idades decorrentes da aplicação do disposto no inciso III do § 1º, desde que comprovem tempo de efetivo exercício das funções de magistério na educação infantil e no ensino fundamental e médio fixado em lei complementar do respectivo ente federativo.

§ 6º Ressalvadas as aposentadorias decorrentes dos cargos acumuláveis na forma desta Constituição, é vedada a percepção de mais de uma aposentadoria à conta de regime próprio de previdência social, aplicando-se outras vedações, regras e condições para a acumulação de benefícios previdenciários estabelecidas no Regime Geral de Previdência Social.

§ 7º Observado o disposto no § 2º do art. 201, quando se tratar da única fonte de renda formal auferida pelo dependente, o benefício de pensão por morte será concedido nos termos de lei do respectivo ente federativo, a qual tratará de forma diferenciada a hipótese de morte dos servidores de que trata o § 4º-B decorrente de agressão sofrida no exercício ou em razão da função. ....
....

§ 9º O tempo de contribuição federal, estadual, distrital ou municipal será contado para fins de aposentadoria, observado o disposto nos §§ 9º e 9º-A do art. 201, e o tempo de serviço correspondente será contado para fins de disponibilidade. ....
....

§ 12. Além do disposto neste artigo, serão observados, em regime próprio de previdência social, no que couber, os requisitos e critérios fixados para o Regime Geral de Previdência Social.

§ 13. Aplica-se ao agente público ocupante, exclusivamente, de cargo em comissão declarado em lei de livre nomeação e exoneração, de outro cargo temporário, inclusive mandato eletivo, ou de emprego público, o Regime Geral de Previdência Social.

§ 14. A União, os Estados, o Distrito Federal e os Municípios instituirão, por lei de iniciativa do respectivo Poder Executivo, regime de previdência complementar para servidores públicos ocupantes de cargo efetivo, observado o limite máximo dos benefícios do Regime Geral de Previdência Social para o valor das aposentadorias e das pensões em regime próprio de previdência social, ressalvado o disposto no § 16.

§ 15. O regime de previdência complementar de que trata o § 14 oferecerá plano de benefícios somente na modalidade contribuição definida, observará o disposto no art. 202 e será efetivado por intermédio de entidade fechada de previdência complementar ou de entidade aberta de previdência complementar. ....

....

§ 19. Observados critérios a serem estabelecidos em lei do respectivo ente federativo, o servidor titular de cargo efetivo que tenha completado as exigências para a aposentadoria voluntária e que opte por permanecer em atividade poderá fazer jus a um abono de permanência equivalente, no máximo, ao valor da sua contribuição previdenciária, até completar a idade para aposentadoria compulsória.

§ 20. É vedada a existência de mais de um regime próprio de previdência social e de mais de um órgão ou entidade gestora desse regime em cada ente federativo, abrangidos todos os poderes, órgãos e entidades autárquicas e fundacionais, que serão responsáveis pelo seu financiamento, observados os critérios, os parâmetros e a natureza jurídica definidos na lei complementar de que trata o § 22.

§ 21. (Revogado).

§ 22. Vedada a instituição de novos regimes próprios de previdência social, lei complementar federal estabelecerá, para os que já existam, normas gerais de organização, de funcionamento e de responsabilidade em sua gestão, dispondo, entre outros aspectos, sobre:

I - requisitos para sua extinção e consequente migração para o Regime Geral de Previdência Social;

II - modelo de arrecadação, de aplicação e de utilização dos recursos;

III - fiscalização pela União e controle externo e social;

IV - definição de equilíbrio financeiro e atuarial;

V - condições para instituição do fundo com finalidade previdenciária de que trata o art. 249 e para vinculação a ele dos recursos provenientes de contribuições e dos bens, direitos e ativos de qualquer natureza;

VI - mecanismos de equacionamento do deficit atuarial;

VII - estruturação do órgão ou entidade gestora do regime, observados os princípios relacionados com governança, controle interno e transparência;

VIII - condições e hipóteses para responsabilização daqueles que desempenhem atribuições relacionadas, direta ou indiretamente, com a gestão do regime;

IX - condições para adesão a consórcio público;

X - parâmetros para apuração da base de cálculo e definição de alíquota de contribuições ordinárias e extraordinárias." (NR)

"Art.93. ....
....VIII - o ato de remoção ou de disponibilidade do magistrado, por interesse público, fundar-se-á em decisão por voto da maioria absoluta do respectivo tribunal ou do Conselho Nacional de Justiça, assegurada   ampla defesa; ....
..........................." (NR)

"Art.103-B...

4º ....
.... III - receber e conhecer das reclamações contra membros ou órgãos do Poder Judiciário, inclusive contra seus serviços auxiliares, serventias e órgãos prestadores de serviços notariais e de registro que atuem por delegação do poder público ou oficializados, sem prejuízo da competência disciplinar e correicional dos tribunais, podendo avocar processos disciplinares em curso, determinar a remoção ou a disponibilidade e aplicar outras sanções administrativas, assegurada   ampla defesa; ....
..........................." (NR)

"Art.109. ....
....

§ 3º Lei poderá autorizar que as causas de competência da Justiça Federal em que forem parte instituição de previdência social e segurado possam ser processadas e julgadas na justiça estadual quando a comarca do domicílio do segurado não for sede de vara federal. ....
..........................." (NR)

"Art.130-A...

§ 2º ....

III - receber e conhecer das reclamações contra membros ou órgãos do Ministério Público da União ou dos Estados, inclusive contra seus serviços auxiliares, sem prejuízo da competência disciplinar e correicional da instituição, podendo avocar processos disciplinares em curso, determinar a remoção ou a disponibilidade e aplicar outras sanções administrativas, assegurada ampla defesa; ....
............................" (NR)

"Art. 149. ....

§ 1º A União, os Estados, o Distrito Federal e os Municípios instituirão, por meio de lei, contribuições para custeio de regime próprio de previdência social, cobradas dos servidores ativos, dos aposentados e dos pensionistas, que poderão ter alíquotas progressivas de acordo com o valor da base de contribuição ou dos proventos de aposentadoria e de pensões. § 1º-A. Quando houver deficit atuarial, a contribuição ordinária dos aposentados e pensionistas poderá incidir sobre o valor dos proventos de aposentadoria e de pensões que supere o salário-mínimo. § 1º-B. Demonstrada a insuficiência da medida prevista no § 1º-A para equacionar o deficit atuarial, é facultada a instituição de contribuição extraordinária, no âmbito da União, dos servidores públicos ativos, dos aposentados e dos pensionistas. § 1º-C. A contribuição extraordinária de que trata o § 1º-B deverá ser instituída simultaneamente com outras medidas para equacionamento do deficit vigorará por período determinado, contado da data de sua instituição. ....
............................" (NR)

"Art. 167. .... XII - na forma estabelecida na lei complementar de que trata o § 22 do art. 40, a utilização de recursos de regime próprio de previdência social, incluídos os valores integrantes dos fundos previstos no art. 249, para a realização de despesas distintas do pagamento dos benefícios previdenciários do respectivo fundo vinculado àquele regime e das despesas necessárias à sua organização e ao seu funcionamento;

XIII - a transferência voluntária de recursos, a concessão de avais, as garantias e as subvenções pela União e a concessão de empréstimos e de financiamentos por instituições financeiras federais aos Estados, ao Distrito Federal e aos Municípios na hipótese de descumprimento das regras gerais de organização e de funcionamento de regime próprio de previdência social.

....

............." (NR)

"Art.194. ....

Parágrafo Único. ....

VI - diversidade da base de financiamento, identificando-se, em rubricas contábeis específicas para cada área, as receitas e as despesas vinculadas a ações de saúde, previdência e assistência social, preservado o caráter contributivo da previdência social; ....

..........................." (NR)

"Art. 195. ....

II - do trabalhador e dos demais segurados da previdência social, podendo ser adotadas alíquotas progressivas de acordo com o valor do salário de contribuição, não incidindo contribuição sobre aposentadoria e pensão concedidas pelo Regime Geral de Previdência   Social; ....

....

§ 9º As contribuições sociais previstas no inciso I docaputdeste artigo poderão ter alíquotas diferenciadas em razão da atividade econômica, da utilização intensiva de mão de obra, do porte da empresa ou da condição estrutural do mercado de trabalho, sendo também autorizada a adoção de bases de cálculo diferenciadas apenas no caso das alíneas "b" e "c" do inciso I do caput. ....

....

§ 11. São vedados a moratória e o parcelamento em prazo superior a 60 (sessenta) meses e, na forma de lei complementar, a remissão e a anistia das contribuições sociais de que tratam a alínea "a"   do   inciso   I   e   o   inciso   II   docaput. ....

....

§ 13. (Revogado).

§ 14. O segurado somente terá reconhecida como tempo de contribuição ao Regime Geral de Previdência Social a competência cuja contribuição seja igual ou superior à contribuição mínima mensal exigida para sua categoria, assegurado o agrupamento de contribuições." (NR)

"Art. 201. A previdência social será organizada sob a forma do Regime Geral de Previdência Social, de caráter contributivo e de filiação obrigatória, observados critérios que preservem o equilíbrio financeiro e atuarial, e atenderá, na forma da lei, a: I - cobertura dos eventos de incapacidade temporária ou permanente para o trabalho e idade avançada; ....
....

§ 1º É vedada a adoção de requisitos ou critérios diferenciados para concessão de benefícios, ressalvada, nos termos de lei complementar, a possibilidade de previsão de idade e tempo de contribuição distintos da regra geral para concessão de aposentadoria exclusivamente em favor dos segurados:

I - com deficiência, previamente submetidos a avaliação biopsicossocial realizada por equipe multiprofissional e interdisciplinar;

 II - cujas atividades sejam exercidas com efetiva exposição a agentes químicos, físicos e biológicos prejudiciais à saúde, ou associação desses agentes, vedada a caracterização por categoria profissional ou ocupação. ....
....

§ 7º ....

 I - 65 (sessenta e cinco) anos de idade, se homem, e 62 (sessenta e dois) anos de idade, se mulher, observado tempo mínimo de contribuição;

II - 60 (sessenta) anos de idade, se homem, e 55 (cinquenta e cinco) anos de idade, se mulher , para os trabalhadores rurais e para os que exerçam suas atividades em regime de economia familiar, nestes incluídos o produtor rural, o garimpeiro e o pescador artesanal.

 § 8º O requisito de idade a que se refere o inciso I do § 7º será reduzido em 5 (cinco) anos, para o professor que comprove tempo de efetivo exercício das funções de magistério na educação infantil e no ensino fundamental e médio fixado em lei complementar.

§ 9º Para fins de aposentadoria, será assegurada a contagem recíproca do tempo de contribuição entre o Regime Geral de Previdência Social e os regimes próprios de previdência social, e destes entre si, observada a compensação financeira, de acordo com os critérios estabelecidos em lei.

§ 9º-A. O tempo de serviço militar exercido nas atividades de que tratam os arts. 42, 142 e 143 e o tempo de contribuição ao Regime Geral de Previdência Social ou a regime próprio de previdência social terão contagem recíproca para fins de inativação militar ou aposentadoria, e a compensação financeira será devida entre as receitas de contribuição referentes aos militares e as receitas de contribuição aos demais regimes.

§ 10. Lei complementar poderá disciplinar a cobertura de benefícios não programados, inclusive os decorrentes de acidente do trabalho, a ser atendida concorrentemente pelo Regime Geral de Previdência Social e pelo setor privado. ....

§ 12. Lei instituirá sistema especial de inclusão previdenciária, com alíquotas diferenciadas, para atender aos trabalhadores de baixa renda, inclusive os que se encontram em situação de informalidade, e àqueles sem renda própria que se dediquem exclusivamente ao trabalho doméstico no âmbito de sua residência, desde que pertencentes a famílias de baixa renda.

§ 13. A aposentadoria concedida ao segurado de que trata o § 12 terá valor de 1 (um) saláriomínimo.

§ 14. É vedada a contagem de tempo de contribuição fictício para efeito de concessão dos benefícios previdenciários e de contagem recíproca.

§ 15. Lei complementar estabelecerá vedações, regras e condições para a acumulação de benefícios previdenciários.

§ 16. Os empregados dos consórcios públicos, das empresas públicas, das sociedades de economia mista e das suas subsidiárias serão aposentados compulsoriamente, observado o cumprimento do tempo mínimo de contribuição, ao atingir a idade máxima de que trata o inciso II do § 1º do art. 40, na forma estabelecida em lei." (NR)

"Art.202. ....
....
....

§ 4º Lei complementar disciplinará a relação entre a União, Estados, Distrito Federal ou Municípios, inclusive suas autarquias, fundações, sociedades de economia mista e empresas controladas direta ou indiretamente, enquanto patrocinadores de planos de benefícios previdenciários, e as entidades de previdência complementar.

§ 5º A lei complementar de que trata o § 4º aplicar-se-á, no que couber, às empresas privadas permissionárias ou concessionárias de prestação de serviços públicos, quando patrocinadoras de planos de benefícios em entidades de previdência complementar.

§ 6º Lei complementar estabelecerá os requisitos para a designação dos membros das diretorias das entidades fechadas de previdência complementar instituídas pelos patrocinadores de que trata o § 4º e disciplinará a inserção dos participantes nos colegiados e instâncias de decisão em que seus interesses sejam objeto de discussão e deliberação." (NR)

"Art. 239. A arrecadação decorrente das contribuições para o Programa de Integração Social, criado pela Lei Complementar nº 7, de 7 de setembro de 1970, e para o Programa de Formação do Patrimônio do Servidor Público, criado pela Lei Complementar nº 8, de 3 de dezembro de 1970, passa, a partir da promulgação desta Constituição, a financiar, nos termos que a lei dispuser, o programa do segurodesemprego, outras ações da previdência social e o abono de que trata o § 3º deste artigo.

§ 1º Dos recursos mencionados nocaput, no mínimo 28% (vinte e oito por cento) serão destinados para o financiamento de programas de desenvolvimento econômico, por meio do Banco Nacional de Desenvolvimento Econômico e Social, com critérios de remuneração que preservem o seu valor. ....
....

§ 5º Os programas de desenvolvimento econômico financiados na forma do § 1º e seus resultados serão anualmente avaliados e divulgados em meio de comunicação social eletrônico e apresentados em reunião da comissão mista permanente de que trata o § 1º do art. 166."(NR)

Art. 2º O art. 76 do Ato das Disposições Constitucionais Transitórias passa a vigorar com a seguinte redação: "Art.76. ....
....
....

§ 4º A desvinculação de que trata ocaputnão se aplica às receitas das contribuições sociais destinadas ao custeio da seguridade social."(NR)

Art. 3º A concessão de aposentadoria ao servidor público federal vinculado a regime próprio de previdência social e ao segurado do Regime Geral de Previdência Social e de pensão por morte aos respectivos dependentes será assegurada, a qualquer tempo, desde que tenham sido cumpridos os requisitos para obtenção desses benefícios até a data de entrada em vigor desta Emenda Constitucional, observados os critérios da legislação vigente na data em que foram atendidos os requisitos para a concessão da aposentadoria ou da pensão por morte.

§ 1º Os proventos de aposentadoria devidos ao servidor público a que se refere ocapute as pensões por morte devidas aos seus dependentes serão calculados e reajustados de acordo com a legislação em vigor à época em que foram atendidos os requisitos nela estabelecidos para a concessão desses benefícios.

§ 2º Os proventos de aposentadoria devidos ao segurado a que se refere ocapute as pensões por morte devidas aos seus dependentes serão apurados de acordo com a legislação em vigor à época em que foram atendidos os requisitos nela estabelecidos para a concessão desses benefícios.

§ 3º Até que entre em vigor lei federal de que trata o § 19 do art. 40 da Constituição Federal, o servidor de que trata ocaputque tenha cumprido os requisitos para aposentadoria voluntária com base no disposto na alínea "a" do inciso III do § 1º do art. 40 da Constituição Federal, na redação vigente até a data de entrada em vigor desta Emenda Constitucional, no art. 2º, no § 1º do art. 3º ou no art. 6º da Emenda Constitucional nº 41, de 19 de dezembro de 2003, ou no art. 3º da Emenda Constitucional nº 47, de 5 de julho de 2005, que optar por permanecer em atividade fará jus a um abono de permanência equivalente ao valor da sua contribuição previdenciária, até completar a idade para aposentadoria compulsória.

Art. 4º O servidor público federal que tenha ingressado no serviço público em cargo efetivo até a data de entrada em vigor desta Emenda Constitucional poderá aposentar-se voluntariamente quando preencher, cumulativamente, os seguintes requisitos:

I - 56 (cinquenta e seis) anos de idade, se mulher, e 61 (sessenta e um) anos de idade, se homem, observado o disposto no § 1º;

 II - 30 (trinta) anos de contribuição, se mulher, e 35 (trinta e cinco) anos de contribuição, se homem;

III - 20 (vinte) anos de efetivo exercício no serviço público;

 IV - 5 (cinco) anos no cargo efetivo em que se der a aposentadoria; e V - somatório da idade e do tempo de contribuição, incluídas as frações, equivalente a 86 (oitenta e seis) pontos, se mulher, e 96 (noventa e seis) pontos, se homem, observado o disposto nos §§ 2º e 3º.

 § 1º A partir de 1º de janeiro de 2022, a idade mínima a que se refere o inciso I do caput será de 57 (cinquenta e sete) anos de idade, se mulher, e 62 (sessenta e dois) anos de idade, se homem.

§ 2º A partir de 1º de janeiro de 2020, a pontuação a que se refere o inciso V do caput será acrescida a cada ano de 1 (um) ponto, até atingir o limite de 100 (cem) pontos, se mulher, e de 105 (cento e cinco) pontos, se homem.

 § 3º A idade e o tempo de contribuição serão apurados em dias para o cálculo do somatório de pontos a que se referem o inciso V do caput e o § 2º.

§ 4º Para o titular do cargo de professor que comprovar exclusivamente tempo de efetivo exercício das funções de magistério na educação infantil e no ensino fundamental e médio, os requisitos de idade e de tempo de contribuição de que tratam os incisos I e II do caput serão: I - 51 (cinquenta e um) anos de idade, se mulher, e 56 (cinquenta e seis) anos de idade, se homem; II - 25 (vinte e cinco) anos de contribuição, se mulher, e 30 (trinta) anos de contribuição, se homem; e III - 52 (cinquenta e dois) anos de idade, se mulher, e 57 (cinquenta e sete) anos de idade, se homem, a partir de 1º de janeiro de 2022.

§ 5º O somatório da idade e do tempo de contribuição de que trata o inciso V do caput para as pessoas a que se refere o § 4º, incluídas as frações, será de 81 (oitenta e um) pontos, se mulher, e 91 (noventa e um) pontos, se homem, aos quais serão acrescidos, a partir de 1º de janeiro de 2020, 1 (um) ponto a cada ano, até atingir o limite de 92 (noventa e dois) pontos, se mulher, e de 100 (cem) pontos, se homem.

§ 6º Os proventos das aposentadorias concedidas nos termos do disposto neste artigo corresponderão: I - à totalidade da remuneração do servidor público no cargo efetivo em que se der a aposentadoria, observado o disposto no § 8º, para o servidor público que tenha ingressado no serviço público em cargo efetivo até 31 de dezembro de 2003 e que não tenha feito a opção de que trata o § 16 do art. 40 da Constituição Federal, desde que tenha, no mínimo, 62 (sessenta e dois) anos de idade, se mulher, e 65 (sessenta e cinco) anos de idade, se homem, ou, para os titulares do cargo de professor de que trata o § 4º, 57 (cinquenta e sete) anos de idade, se mulher, e 60 (sessenta) anos de idade, se homem; II - ao valor apurado na forma da lei, para o servidor público não contemplado no inciso I.

§ 7º Os proventos das aposentadorias concedidas nos termos do disposto neste artigo não serão inferiores ao valor a que se refere o § 2º do art. 201 da Constituição Federal e serão reajustados: I - de acordo com o disposto no art. 7º da Emenda Constitucional nº 41, de 19 de dezembro de 2003, se cumpridos os requisitos previstos no inciso I do § 6º; ou II - nos termos estabelecidos para o Regime Geral de Previdência Social, na hipótese prevista no inciso II do § 6º.

§ 8º Considera-se remuneração do servidor público no cargo efetivo, para fins de cálculo dos proventos de aposentadoria com fundamento no disposto no inciso I do § 6º ou no inciso I do § 2º do art. 20, o valor constituído pelo subsídio, pelo vencimento e pelas vantagens pecuniárias permanentes do cargo, estabelecidos em lei, acrescidos dos adicionais de caráter individual e das vantagens pessoais permanentes, observados os seguintes critérios: I - se o cargo estiver sujeito a variações na carga horária, o valor das rubricas que refletem essa variação integrará o cálculo do valor da remuneração do servidor público no cargo efetivo em que se deu a aposentadoria, considerando-se a média aritmética simples dessa carga horária proporcional ao número de anos completos de recebimento e contribuição, contínuos ou intercalados, em relação ao tempo total exigido para a aposentadoria; II - se as vantagens pecuniárias permanentes forem variáveis por estarem vinculadas a indicadores de desempenho, produtividade ou situação similar, o valor dessas vantagens integrará o cálculo da remuneração do servidor público no cargo efetivo mediante a aplicação, sobre o valor atual de referência das vantagens pecuniárias permanentes variáveis, da média aritmética simples do indicador, proporcional ao número de anos completos de recebimento e de respectiva contribuição, contínuos ou intercalados, em relação ao tempo total exigido para a aposentadoria ou, se inferior, ao tempo total de percepção da vantagem.

§ 9º Aplicam-se às aposentadorias dos servidores dos Estados, do Distrito Federal e dos Municípios as normas constitucionais e infraconstitucionais anteriores à data de entrada em vigor desta Emenda Constitucional, enquanto não promovidas alterações na legislação interna relacionada ao respectivo regime próprio de previdência social. § 10. Estende-se o disposto no § 9º às normas sobre aposentadoria de servidores públicos incompatíveis com a redação atribuída por esta Emenda Constitucional aos §§ 4º, 4º-A, 4º-B e 4º-C do art. 40 da Constituição Federal.

Art. 5º O policial civil do órgão a que se refere o inciso XIV do caput do art. 21 da Constituição Federal, o policial dos órgãos a que se referem o inciso IV do caput do art. 51, o inciso XIII do caput do art. 52 e os incisos I a III do caput do art. 144 da Constituição Federal e o ocupante de cargo de agente federal penitenciário ou socioeducativo que tenham ingressado na respectiva carreira até a data de entrada em vigor desta Emenda Constitucional poderão aposentar-se, na forma da Lei Complementar nº 51, de 20 de dezembro de 1985, observada a idade mínima de 55 (cinquenta e cinco) anos para ambos os sexos ou o disposto no § 3º.

§ 1º Serão considerados tempo de exercício em cargo de natureza estritamente policial, para os fins do inciso II do art. 1º da Lei Complementar nº 51, de 20 de dezembro de 1985, o tempo de atividade militar nas Forças Armadas, nas polícias militares e nos corpos de bombeiros militares e o tempo de atividade como agente penitenciário ou socioeducativo.

§ 2º Aplicam-se às aposentadorias dos servidores dos Estados de que trata o § 4º-B do art. 40 da Constituição Federal as normas constitucionais e infraconstitucionais anteriores à data de entrada em vigor desta Emenda Constitucional, enquanto não promovidas alterações na legislação interna relacionada ao respectivo regime próprio de previdência social.

§ 3º Os servidores de que trata o caput poderão aposentar-se aos 52 (cinquenta e dois) anos de idade, se mulher, e aos 53 (cinquenta e três) anos de idade, se homem, desde que cumprido período adicional de contribuição correspondente ao tempo que, na data de entrada em vigor desta Emenda Constitucional, faltaria para atingir o tempo de contribuição previsto na Lei Complementar nº 51, de 20 de dezembro de 1985.

Art. 6º O disposto no § 14 do art. 37 da Constituição Federal não se aplica a aposentadorias concedidas pelo Regime Geral de Previdência Social até a data de entrada em vigor desta Emenda Constitucional.

Art. 7º O disposto no § 15 do art. 37 da Constituição Federal não se aplica a complementações de aposentadorias e pensões concedidas até a data de entrada em vigor desta Emenda Constitucional.

Art. 8º Até que entre em vigor lei federal de que trata o § 19 do art. 40 da Constituição Federal, o servidor público federal que cumprir as exigências para a concessão da aposentadoria voluntária nos termos do disposto nos arts. 4º, 5º, 20, 21 e 22 e que optar por permanecer em atividade fará jus a um abono de permanência equivalente ao valor da sua contribuição previdenciária, até completar a idade para aposentadoria compulsória.

Art. 9º Até que entre em vigor lei complementar que discipline o § 22 do art. 40 da Constituição Federal, aplicam-se aos regimes próprios de previdência social o disposto na Lei nº 9.717, de 27 de novembro de 1998, e o disposto neste artigo.

§ 1º O equilíbrio financeiro e atuarial do regime próprio de previdência social deverá ser comprovado por meio de garantia de equivalência, a valor presente, entre o fluxo das receitas estimadas e das despesas projetadas, apuradas atuarialmente, que, juntamente com os bens, direitos e ativos vinculados, comparados às obrigações assumidas, evidenciem a solvência e a liquidez do plano de benefícios.

§ 2º O rol de benefícios dos regimes próprios de previdência social fica limitado às aposentadorias e à pensão por morte.

§ 3º Os afastamentos por incapacidade temporária para o trabalho e o salário-maternidade serão pagos diretamente pelo ente federativo e não correrão à conta do regime próprio de previdência social ao qual o servidor se vincula.

§ 4º Os Estados, o Distrito Federal e os Municípios não poderão estabelecer alíquota inferior à da contribuição dos servidores da União, exceto se demonstrado que o respectivo regime próprio de previdência social não possuideficitatuarial a ser equacionado, hipótese em que a alíquota não poderá ser inferior às alíquotas aplicáveis ao Regime Geral de Previdência Social.

§ 5º Para fins do disposto no § 4º, não será considerada como ausência dedeficita implementação de segregação da massa de segurados ou a previsão em lei de plano de equacionamento de deficit.

§ 6º A instituição do regime de previdência complementar na forma dos §§ 14 a 16 do art. 40 da Constituição Federal e a adequação do órgão ou entidade gestora do regime próprio de previdência social ao § 20 do art. 40 da Constituição Federal deverão ocorrer no prazo máximo de 2 (dois) anos da data de entrada em vigor desta Emenda Constitucional.

§ 7º Os recursos de regime próprio de previdência social poderão ser aplicados na concessão de empréstimos a seus segurados, na modalidade de consignados, observada regulamentação específica estabelecida pelo Conselho Monetário Nacional.

§ 8º Por meio de lei, poderá ser instituída contribuição extraordinária pelo prazo máximo de 20 (vinte) anos, nos termos dos §§ 1º-B e 1º-C do art. 149 da Constituição Federal.

§ 9º O parcelamento ou a moratória de débitos dos entes federativos com seus regimes próprios de previdência social fica limitado ao prazo a que se refere o § 11 do art. 195 da Constituição.

Art. 10. Até que entre em vigor lei federal que discipline os benefícios do regime próprio de previdência social dos servidores da União, aplica-se o disposto neste artigo.

§ 1º Os servidores públicos federais serão aposentados: I - voluntariamente, observados, cumulativamente, os seguintes requisitos: a) 62 (sessenta e dois) anos de idade, se mulher, e 65 (sessenta e cinco) anos de idade, se homem; e b) 25 (vinte e cinco) anos de contribuição, desde que cumprido o tempo mínimo de 10 (dez) anos de efetivo exercício no serviço público e de 5 (cinco) anos no cargo efetivo em que for concedida a aposentadoria; II - por incapacidade permanente para o trabalho, no cargo em que estiverem investidos, quando insuscetíveis de readaptação, hipótese em que será obrigatória a realização de avaliações periódicas para verificação da continuidade das condições que ensejaram a concessão da aposentadoria; ou III - compulsoriamente, na forma do disposto no inciso II do § 1º do art. 40 da Constituição Federal.

§ 2º Os servidores públicos federais com direito a idade mínima ou tempo de contribuição distintos da regra geral para concessão de aposentadoria na forma dos §§ 4º-B, 4º-C e 5º do art. 40 da Constituição Federal poderão aposentar-se, observados os seguintes requisitos: I - o policial civil do órgão a que se refere o inciso XIV docaputdo art. 21 da Constituição Federal, o policial dos órgãos a que se referem o inciso IV do caput do art. 51, o inciso XIII do caput do art. 52 e os incisos I a III do caput do art. 144 da Constituição Federal e o ocupante de cargo de agente federal penitenciário ou socioeducativo, aos 55 (cinquenta e cinco) anos de idade, com 30 (trinta) anos de contribuição e 25 (vinte e cinco) anos de efetivo exercício em cargo dessas carreiras, para ambos os sexos; II - o servidor público federal cujas atividades sejam exercidas com efetiva exposição a agentes químicos, físicos e biológicos prejudiciais à saúde, ou associação desses agentes, vedada a caracterização por categoria profissional ou ocupação, aos 60 (sessenta) anos de idade, com 25 (vinte e cinco) anos de efetiva exposição e contribuição, 10 (dez) anos de efetivo exercício de serviço público e 5 (cinco) anos no cargo efetivo em que for concedida a aposentadoria;

III - o titular do cargo federal de professor, aos 60 (sessenta) anos de idade, se homem, aos 57 (cinquenta e sete) anos, se mulher, com 25 (vinte e cinco) anos de contribuição exclusivamente em efetivo exercício das funções de magistério na educação infantil e no ensino fundamental e médio, 10 (dez) anos de efetivo exercício de serviço público e 5 (cinco) anos no cargo efetivo em que for concedida a aposentadoria, para ambos os sexos.

§ 3º A aposentadoria a que se refere o § 4º-C do art. 40 da Constituição Federal observará adicionalmente as condições e os requisitos estabelecidos para o Regime Geral de Previdência Social, naquilo em que não conflitarem com as regras específicas aplicáveis ao regime próprio de previdência social da União, vedada a conversão de tempo especial em comum.

§ 4º Os proventos das aposentadorias concedidas nos termos do disposto neste artigo serão apurados na forma da lei.

§ 5º Até que entre em vigor lei federal de que trata o § 19 do art. 40 da Constituição Federal, o servidor federal que cumprir as exigências para a concessão da aposentadoria voluntária nos termos do disposto neste artigo e que optar por permanecer em atividade fará jus a um abono de permanência equivalente ao valor da sua contribuição previdenciária, até completar a idade para aposentadoria compulsória.

§ 6º A pensão por morte devida aos dependentes do policial civil do órgão a que se refere o inciso XIV docaputdo art. 21 da Constituição Federal, do policial dos órgãos a que se referem o inciso IV do caput do art. 51, o inciso XIII do caput do art. 52 e os incisos I a III do caput do art. 144 da Constituição Federal e dos ocupantes dos cargos de agente federal penitenciário ou socioeducativo decorrente de agressão sofrida no exercício ou em razão da função será vitalícia para o cônjuge ou companheiro e equivalente à remuneração do cargo.

§ 7º Aplicam-se às aposentadorias dos servidores dos Estados, do Distrito Federal e dos Municípios as normas constitucionais e infraconstitucionais anteriores à data de entrada em vigor desta Emenda Constitucional, enquanto não promovidas alterações na legislação interna relacionada ao respectivo regime próprio de previdência social.

Art. 11. Até que entre em vigor lei que altere a alíquota da contribuição previdenciária de que tratam os arts. 4º, 5º e 6º da Lei nº 10.887, de 18 de junho de 2004, esta será de 14% (quatorze por cento).

§ 1º A alíquota prevista nocaputserá reduzida ou majorada, considerado o valor da base de contribuição ou do benefício recebido, de acordo com os seguintes parâmetros: I - até 1 (um) salário-mínimo, redução de seis inteiros e cinco décimos pontos percentuais; II - acima de 1 (um) salário-mínimo até R$ 2.000,00 (dois mil reais), redução de cinco pontos percentuais; III - de R$ 2.000,01 (dois mil reais e um centavo) até R$ 3.000,00 (três mil reais), redução de dois pontos percentuais; IV - de R$ 3.000,01 (três mil reais e um centavo) até R$ 5.839,45 (cinco mil, oitocentos e trinta e nove reais e quarenta e cinco centavos), sem redução ou acréscimo; V - de R$ 5.839,46 (cinco mil, oitocentos e trinta e nove reais e quarenta e seis centavos) até R$ 10.000,00 (dez mil reais), acréscimo de meio ponto percentual; VI - de R$ 10.000,01 (dez mil reais e um centavo) até R$ 20.000,00 (vinte mil reais), acréscimo de dois inteiros e cinco décimos pontos percentuais; VII - de R$ 20.000,01 (vinte mil reais e um centavo) até R$ 39.000,00 (trinta e nove mil reais), acréscimo de cinco pontos percentuais; e VIII - acima de R$ 39.000,00 (trinta e nove mil reais), acréscimo de oito pontos percentuais. § 2º A alíquota, reduzida ou majorada nos termos do disposto no § 1º, será aplicada de forma progressiva sobre a base de contribuição do servidor ativo, incidindo cada alíquota sobre a faixa de valores compreendida nos respectivos limites.

§ 3º Os valores previstos no § 1º serão reajustados, a partir da data de entrada em vigor desta Emenda Constitucional, na mesma data e com o mesmo índice em que se der o reajuste dos benefícios do Regime Geral de Previdência Social, ressalvados aqueles vinculados ao salário-mínimo, aos quais se aplica a legislação específica.

§ 4º A alíquota de contribuição de que trata o caput, com a redução ou a majoração decorrentes do disposto no § 1º, será devida pelos aposentados e pensionistas de quaisquer dos Poderes da União, incluídas suas entidades autárquicas e suas fundações, e incidirá sobre o valor da parcela dos proventos de aposentadoria e de pensões que supere o limite máximo estabelecido para os benefícios do Regime Geral de Previdência Social, hipótese em que será considerada a totalidade do valor do benefício para fins de definição das alíquotas aplicáveis.

Art. 12. A União instituirá sistema integrado de dados relativos às remunerações, proventos e pensões dos segurados dos regimes de previdência de que tratam os arts. 40, 201 e 202 da Constituição Federal, aos benefícios dos programas de assistência social de que trata o art. 203 da Constituição Federal e às remunerações, proventos de inatividade e pensão por morte decorrentes das atividades militares de que tratam os arts. 42 e 142 da Constituição Federal, em interação com outras bases de dados, ferramentas e plataformas, para o fortalecimento de sua gestão, governança e transparência e o cumprimento das disposições estabelecidas nos incisos XI e XVI do art. 37 da Constituição Federal. § 1º A União, os Estados, o Distrito Federal e os Municípios e os órgãos e entidades gestoras dos regimes, dos sistemas e dos programas a que se refere o caput disponibilizarão as informações necessárias para a estruturação do sistema integrado de dados e terão acesso ao compartilhamento das referidas informações, na forma da legislação. § 2º É vedada a transmissão das informações de que trata este artigo a qualquer pessoa física ou jurídica para a prática de atividade não relacionada à fiscalização dos regimes, dos sistemas e dos programas a que se refere o caput.

Art. 13. Não se aplica o disposto no § 9º do art. 39 da Constituição Federal a parcelas remuneratórias decorrentes de incorporação de vantagens de caráter temporário ou vinculadas ao exercício de função de confiança ou de cargo em comissão efetivada até a data de entrada em vigor desta Emenda Constitucional.

Art. 14. Vedadas a adesão de novos segurados e a instituição de novos regimes dessa natureza, os atuais segurados de regime de previdência aplicável a titulares de mandato eletivo da União, dos Estados, do Distrito Federal e dos Municípios poderão, por meio de opção expressa formalizada no prazo de 180 (cento e oitenta) dias, contado da data de entrada em vigor desta Emenda Constitucional, retirar-se dos regimes previdenciários aos quais se encontrem vinculados.

§ 1º Os segurados, atuais e anteriores, do regime de previdência de que trata a Lei nº 9.506, de 30 de outubro de 1997, que fizerem a opção de permanecer nesse regime previdenciário deverão cumprir período adicional correspondente a 30% (trinta por cento) do tempo de contribuição que faltaria para aquisição do direito à aposentadoria na data de entrada em vigor desta Emenda Constitucional e somente poderão aposentar-se a partir dos 62 (sessenta e dois) anos de idade, se mulher, e 65 (sessenta e cinco) anos de idade, se homem.

§ 2º Se for exercida a opção prevista no caput, será assegurada a contagem do tempo de contribuição vertido para o regime de previdência ao qual o segurado se encontrava vinculado, nos termos do disposto no § 9º do art. 201 da Constituição Federal.

§ 3º A concessão de aposentadoria aos titulares de mandato eletivo e de pensão por morte aos dependentes de titular de mandato eletivo falecido será assegurada, a qualquer tempo, desde que cumpridos os requisitos para obtenção desses benefícios até a data de entrada em vigor desta Emenda Constitucional, observados os critérios da legislação vigente na data em que foram atendidos os requisitos para a concessão da aposentadoria ou da pensão por morte.

§ 4º Observado o disposto nos §§ 9º e 9º-A do art. 201 da Constituição Federal, o tempo de contribuição a regime próprio de previdência social e ao Regime Geral de Previdência Social, assim como o tempo de contribuição decorrente das atividades militares de que tratam os arts. 42 e 142 da Constituição Federal, que tenha sido considerado para a concessão de benefício pelos regimes a que se refere o caput não poderá ser utilizado para obtenção de benefício naqueles regimes.

§ 5º Lei específica do Estado, do Distrito Federal ou do Município deverá disciplinar a regra de transição a ser aplicada aos segurados que, na forma do caput, fizerem a opção de permanecer no regime previdenciário de que trata este artigo.

Art. 15. Ao segurado filiado ao Regime Geral de Previdência Social até a data de entrada em vigor desta Emenda Constitucional, fica assegurado o direito à aposentadoria quando forem preenchidos, cumulativamente, os seguintes requisitos: I - 30 (trinta) anos de contribuição, se mulher, e 35 (trinta e cinco) anos de contribuição, se homem; e II - somatório da idade e do tempo de contribuição, incluídas as frações, equivalente a 86 (oitenta e seis) pontos, se mulher, e 96 (noventa e seis) pontos, se homem, observado o disposto nos §§ 1º e 2º.

§ 1º A partir de 1º de janeiro de 2020, a pontuação a que se refere o inciso II do caput será acrescida a cada ano de 1 (um) ponto, até atingir o limite de 100 (cem) pontos, se mulher, e de 105 (cento e cinco) pontos, se homem.

§ 2º A idade e o tempo de contribuição serão apurados em dias para o cálculo do somatório de pontos a que se referem o inciso II do caput e o § 1º.

§ 3º Para o professor que comprovar exclusivamente 25 (vinte e cinco) anos de contribuição, se mulher, e 30 (trinta) anos de contribuição, se homem, em efetivo exercício das funções de magistério na educação infantil e no ensino fundamental e médio, o somatório da idade e do tempo de contribuição, incluídas as frações, será equivalente a 81 (oitenta e um) pontos, se mulher, e 91 (noventa e um) pontos, se homem, aos quais serão acrescidos, a partir de 1º de janeiro de 2020, 1 (um) ponto a cada ano para o homem e para a mulher, até atingir o limite de 92 (noventa e dois) pontos, se mulher, e 100 (cem) pontos, se homem.

§ 4º O valor da aposentadoria concedida nos termos do disposto neste artigo será apurado na forma da lei.

Art. 16. Ao segurado filiado ao Regime Geral de Previdência Social até a data de entrada em vigor desta Emenda Constitucional fica assegurado o direito à aposentadoria quando preencher, cumulativamente, os seguintes requisitos: I - 30 (trinta) anos de contribuição, se mulher, e 35 (trinta e cinco) anos de contribuição, se homem; e II - idade de 56 (cinquenta e seis) anos, se mulher, e 61 (sessenta e um) anos, se homem.

§ 1º A partir de 1º de janeiro de 2020, a idade a que se refere o inciso II do caput será acrescida de 6 (seis) meses a cada ano, até atingir 62 (sessenta e dois) anos de idade, se mulher, e 65 (sessenta e cinco) anos de idade, se homem.

§ 2º Para o professor que comprovar exclusivamente tempo de efetivo exercício das funções de magistério na educação infantil e no ensino fundamental e médio, o tempo de contribuição e a idade de que tratam os incisos I e II do caput deste artigo serão reduzidos em 5 (cinco) anos, sendo, a partir de 1º de janeiro de 2020, acrescidos 6 (seis) meses, a cada ano, às idades previstas no inciso II do caput, até atingirem 57 (cinquenta e sete) anos, se mulher, e 60 (sessenta) anos, se homem.

§ 3º O valor da aposentadoria concedida nos termos do disposto neste artigo será apurado na forma da lei.

Art. 17. Ao segurado filiado ao Regime Geral de Previdência Social até a data de entrada em vigor desta Emenda Constitucional e que na referida data contar com mais de 28 (vinte e oito) anos de contribuição, se mulher, e 33 (trinta e três) anos de contribuição, se homem, fica assegurado o direito à aposentadoria quando preencher, cumulativamente, os seguintes requisitos: I - 30 (trinta) anos de contribuição, se mulher, e 35 (trinta e cinco) anos de contribuição, se homem; e II - cumprimento de período adicional correspondente a 50% (cinquenta por cento) do tempo que, na data de entrada em vigor desta Emenda Constitucional, faltaria para atingir 30 (trinta) anos de contribuição, se mulher, e 35 (trinta e cinco) anos de contribuição, se homem.

Parágrafo único. O benefício concedido nos termos deste artigo terá seu valor apurado de acordo com a média aritmética simples dos salários de contribuição e das remunerações calculada na forma da lei, multiplicada pelo fator previdenciário, calculado na forma do disposto nos §§ 7º a 9º do art. 29 da Lei nº 8.213, de 24 de julho de 1991.

Art. 18. O segurado de que trata o inciso I do § 7º do art. 201 da Constituição Federal filiado ao Regime Geral de Previdência Social até a data de entrada em vigor desta Emenda Constitucional poderá aposentar-se quando preencher, cumulativamente, os seguintes requisitos: I - 60 (sessenta) anos de idade, se mulher, e 65 (sessenta e cinco) anos de idade, se homem; e II - 15 (quinze) anos de contribuição, para ambos os sexos.

§ 1º A partir de 1º de janeiro de 2020, a idade de 60 (sessenta) anos da mulher, prevista no inciso I do caput, será acrescida em 6 (seis) meses a cada ano, até atingir 62 (sessenta e dois) anos de idade.

§ 2º O valor da aposentadoria de que trata este artigo será apurado na forma da lei.

Art. 19. Até que lei disponha sobre o tempo de contribuição a que se refere o inciso I do § 7º do art. 201 da Constituição Federal, o segurado filiado ao Regime Geral de Previdência Social após a data de entrada em vigor desta Emenda Constitucional será aposentado aos 62 (sessenta e dois) anos de idade, se mulher, 65 (sessenta e cinco) anos de idade, se homem, com 15 (quinze) anos de tempo de contribuição, se mulher, e 20 (vinte) anos de tempo de contribuição, se homem.

§ 1º Até que lei complementar disponha sobre a redução de idade mínima ou tempo de contribuição prevista nos §§ 1º e 8º do art. 201 da Constituição Federal, será concedida aposentadoria: I - aos segurados que comprovem o exercício de atividades com efetiva exposição a agentes químicos, físicos e biológicos prejudiciais à saúde, ou associação desses agentes, vedada a caracterização por categoria profissional ou ocupação, durante, no mínimo, 15 (quinze), 20 (vinte) ou 25 (vinte e cinco) anos, nos termos do disposto nos arts. 57 e 58 da Lei nº 8.213, de 24 de julho de 1991, quando cumpridos: a) 55 (cinquenta e cinco) anos de idade, quando se tratar de atividade especial de 15 (quinze) anos de contribuição; b) 58 (cinquenta e oito) anos de idade, quando se tratar de atividade especial de 20 (vinte) anos de contribuição; ou c) 60 (sessenta) anos de idade, quando se tratar de atividade especial de 25 (vinte e cinco) anos de contribuição; II - ao professor que comprove 25 (vinte e cinco) anos de contribuição exclusivamente em efetivo exercício das funções de magistério na educação infantil e no ensino fundamental e médio e tenha 57 (cinquenta e sete) anos de idade, se mulher, e 60 (sessenta) anos de idade, se homem.

§ 2º O valor das aposentadorias de que trata este artigo será apurado na forma da lei.

Art. 20. O segurado ou o servidor público federal que se tenha filiado ao Regime Geral de Previdência Social ou ingressado no serviço público em cargo efetivo até a data de entrada em vigor desta Emenda Constitucional poderá aposentar-se voluntariamente quando preencher, cumulativamente, os seguintes requisitos: I - 57 (cinquenta e sete) anos de idade, se mulher, e 60 (sessenta) anos de idade, se homem; II - 30 (trinta) anos de contribuição, se mulher, e 35 (trinta e cinco) anos de contribuição, se homem; III - para os servidores públicos, 20 (vinte) anos de efetivo exercício no serviço público e 5 (cinco) anos no cargo efetivo em que se der a aposentadoria; IV - período adicional de contribuição correspondente ao tempo que, na data de entrada em vigor desta Emenda Constitucional, faltaria para atingir o tempo mínimo de contribuição referido no inciso II.

§ 1º Para o professor que comprovar exclusivamente tempo de efetivo exercício das funções de magistério na educação infantil e no ensino fundamental e médio serão reduzidos, para ambos os sexos, os requisitos de idade e de tempo de contribuição em 5 (cinco) anos.

§ 2º O valor das aposentadorias concedidas nos termos do disposto neste artigo corresponderá: I - em relação ao servidor público que tenha ingressado no serviço público em cargo efetivo até 31 de dezembro de 2003 e que não tenha feito a opção de que trata o § 16 do art. 40 da Constituição Federal, à totalidade da remuneração no cargo efetivo em que se der a aposentadoria, observado o disposto no § 8º do art. 4º; e II - em relação aos demais servidores públicos e aos segurados do Regime Geral de Previdência Social, ao valor apurado na forma da lei.

§ 3º O valor das aposentadorias concedidas nos termos do disposto neste artigo não será inferior ao valor a que se refere o § 2º do art. 201 da Constituição Federal e será reajustado: I - de acordo com o disposto no art. 7º da Emenda Constitucional nº 41, de 19 de dezembro de 2003, se cumpridos os requisitos previstos no inciso I do § 2º; II - nos termos estabelecidos para o Regime Geral de Previdência Social, na hipótese prevista no inciso II do § 2º.

§ 4º Aplicam-se às aposentadorias dos servidores dos Estados, do Distrito Federal e dos Municípios as normas constitucionais e infraconstitucionais anteriores à data de entrada em vigor desta Emenda Constitucional, enquanto não promovidas alterações na legislação interna relacionada ao respectivo regime próprio de previdência social.

Art. 21. O segurado ou o servidor público federal que se tenha filiado ao Regime Geral de Previdência Social ou ingressado no serviço público em cargo efetivo até a data de entrada em vigor desta Emenda Constitucional cujas atividades tenham sido exercidas com efetiva exposição a agentes químicos, físicos e biológicos prejudiciais à saúde, ou associação desses agentes, vedada a caracterização por categoria profissional ou ocupação, desde que cumpridos, no caso do servidor, o tempo mínimo de 20 (vinte) anos de efetivo exercício no serviço público e de 5 (cinco) anos no cargo efetivo em que for concedida a aposentadoria, na forma dos arts. 57 e 58 da Lei nº 8.213, de 24 de julho de 1991, poderão aposentar-se quando o total da soma resultante da sua idade e do tempo de contribuição e o tempo de efetiva exposição forem, respectivamente, de: I - 66 (sessenta e seis) pontos e 15 (quinze) anos de efetiva exposição; II - 76 (setenta e seis) pontos e 20 (vinte) anos de efetiva exposição; e III - 86 (oitenta e seis) pontos e 25 (vinte e cinco) anos de efetiva exposição.

§ 1º A idade e o tempo de contribuição serão apurados em dias para o cálculo do somatório de pontos a que se refere o caput.

§ 2º O valor da aposentadoria de que trata este artigo será apurado na forma da lei.

§ 3º Aplicam-se às aposentadorias dos servidores dos Estados, do Distrito Federal e dos Municípios cujas atividades sejam exercidas com efetiva exposição a agentes químicos, físicos e biológicos prejudiciais à saúde, ou associação desses agentes, vedada a caracterização por categoria profissional ou ocupação, na forma do § 4º-C do art. 40 da Constituição Federal, as normas constitucionais e infraconstitucionais anteriores à data de entrada em vigor desta Emenda Constitucional, enquanto não promovidas alterações na legislação interna relacionada ao respectivo regime próprio de previdência social.

Art. 22. Até que lei discipline o § 4º-A do art. 40 e o inciso I do § 1º do art. 201 da Constituição Federal, a aposentadoria da pessoa com deficiência segurada do Regime Geral de Previdência Social ou do servidor público federal com deficiência vinculado a regime próprio de previdência social, desde que cumpridos, no caso do servidor, o tempo mínimo de 10 (dez) anos de efetivo exercício no serviço público e de 5 (cinco) anos no cargo efetivo em que for concedida a aposentadoria, será concedida na forma da Lei Complementar nº 142, de 8 de maio de 2013, inclusive quanto aos critérios de cálculo dos benefícios. Parágrafo único. Aplicam-se às aposentadorias dos servidores com deficiência dos Estados, do Distrito Federal e dos Municípios as normas constitucionais e infraconstitucionais anteriores à data de entrada em vigor desta Emenda Constitucional, enquanto não promovidas alterações na legislação interna relacionada ao respectivo regime próprio de previdência social.

Art. 23. A pensão por morte concedida a dependente de segurado do Regime Geral de Previdência Social ou de servidor público federal será equivalente a uma cota familiar de 50% (cinquenta por cento) do valor da aposentadoria recebida pelo segurado ou servidor ou daquela a que teria direito se fosse aposentado por incapacidade permanente na data do óbito, acrescida de cotas de 10 (dez) pontos percentuais por dependente, até o máximo de 100% (cem por cento).

§ 1º As cotas por dependente cessarão com a perda dessa qualidade e não serão reversíveis aos demais dependentes, preservado o valor de 100% (cem por cento) da pensão por morte quando o número de dependentes remanescente for igual ou superior a 5 (cinco).

§ 2º Na hipótese de existir dependente inválido ou com deficiência intelectual, mental ou grave, o valor da pensão por morte de que trata ocaputserá equivalente a: I - 100% (cem por cento) da aposentadoria recebida pelo segurado ou servidor ou daquela a que teria direito se fosse aposentado por incapacidade permanente na data do óbito, até o limite máximo de benefícios do Regime Geral de Previdência Social; e II - uma cota familiar de 50% (cinquenta por cento) acrescida de cotas de 10 (dez) pontos percentuais por dependente, até o máximo de 100% (cem por cento), para o valor que supere o limite máximo de benefícios do Regime Geral de Previdência Social.

§ 3º Quando não houver mais dependente inválido ou com deficiência intelectual, mental ou grave, o valor da pensão será recalculado na forma do disposto no caput no § 1º.

§ 4º O tempo de duração da pensão por morte e das cotas individuais por dependente até a perda dessa qualidade, o rol de dependentes e sua qualificação e as condições necessárias para enquadramento serão aqueles estabelecidos na Lei nº 8.213, de 24 de julho de 1991.

§ 5º Para o dependente inválido ou com deficiência intelectual, mental ou grave, sua condição pode ser reconhecida previamente ao óbito do segurado, por meio de avaliação biopsicossocial realizada por equipe multiprofissional e interdisciplinar, observada revisão periódica na forma da legislação.

§ 6º Equiparam-se a filho, para fins de recebimento da pensão por morte, exclusivamente o enteado e o menor tutelado, desde que comprovada a dependência econômica.

§ 7º As regras sobre pensão previstas neste artigo e na legislação vigente na data de entrada em vigor desta Emenda Constitucional poderão ser alteradas na forma da lei para o Regime Geral de Previdência Social e para o regime próprio de previdência social da União.

§ 8º Aplicam-se às pensões concedidas aos dependentes de servidores dos Estados, do Distrito Federal e dos Municípios as normas constitucionais e infraconstitucionais anteriores à data de entrada em vigor desta Emenda Constitucional, enquanto não promovidas alterações na legislação interna relacionada ao respectivo regime próprio de previdência social.

Art. 24. É vedada a acumulação de mais de uma pensão por morte deixada por cônjuge ou companheiro, no âmbito do mesmo regime de previdência social, ressalvadas as pensões do mesmo instituidor decorrentes do exercício de cargos acumuláveis na forma do art. 37 da Constituição Federal.

§ 1º Será admitida, nos termos do § 2º, a acumulação de: I - pensão por morte deixada por cônjuge ou companheiro de um regime de previdência social com pensão por morte concedida por outro regime de previdência social ou com pensões decorrentes das atividades militares de que tratam os arts. 42 e 142 da Constituição Federal; II - pensão por morte deixada por cônjuge ou companheiro de um regime de previdência social com aposentadoria concedida no âmbito do Regime Geral de Previdência Social ou de regime próprio de previdência social ou com proventos de inatividade decorrentes das atividades militares de que tratam os arts. 42 e 142 da Constituição Federal; ou III - pensões decorrentes das atividades militares de que tratam os arts. 42 e 142 da Constituição Federal com aposentadoria concedida no âmbito do Regime Geral de Previdência Social ou de regime próprio de previdência social.

§ 2º Nas hipóteses das acumulações previstas no § 1º, é assegurada a percepção do valor integral do benefício mais vantajoso e de uma parte de cada um dos demais benefícios, apurada cumulativamente de acordo com as seguintes faixas:

I - 60% (sessenta por cento) do valor que exceder 1 (um) salário-mínimo, até o limite de 2 (dois) salários-mínimos; II - 40% (quarenta por cento) do valor que exceder 2 (dois) salários-mínimos, até o limite de 3 (três) salários-mínimos; III - 20% (vinte por cento) do valor que exceder 3 (três) salários-mínimos, até o limite de 4 (quatro) salários-mínimos; e IV - 10% (dez por cento) do valor que exceder 4 (quatro) salários-mínimos. § 3º A aplicação do disposto no § 2º poderá ser revista a qualquer tempo, a pedido do interessado, em razão de alteração de algum dos benefícios. § 4º As restrições previstas neste artigo não serão aplicadas se o direito aos benefícios houver sido adquirido antes da data de entrada em vigor desta Emenda Constitucional. § 5º As regras sobre acumulação previstas neste artigo e na legislação vigente na data de entrada em vigor desta Emenda Constitucional poderão ser alteradas na forma do § 6º do art. 40 e do § 15 do art. 201 da Constituição Federal.

Art. 25. Será assegurada a contagem de tempo de contribuição fictício no Regime Geral de Previdência Social decorrente de hipóteses descritas na legislação vigente até a data de entrada em vigor desta Emenda Constitucional para fins de concessão de aposentadoria, observando-se, a partir da sua entrada em vigor, o disposto no § 14 do art. 201 da Constituição Federal.

§ 1º Para fins de comprovação de atividade rural exercida até a data de entrada em vigor desta Emenda Constitucional, o prazo de que tratam os §§ 1º e 2º do art. 38-B da Lei nº 8.213, de 24 de julho de 1991, será prorrogado até a data em que o Cadastro Nacional de Informações Sociais (CNIS) atingir a cobertura mínima de 50% (cinquenta por cento) dos trabalhadores de que trata o § 8º do art. 195 da Constituição Federal, apurada conforme quantitativo da Pesquisa Nacional por Amostra de Domicílios Contínua (Pnad).

§ 2º Será reconhecida a conversão de tempo especial em comum, na forma prevista na Lei nº 8.213, de 24 de julho de 1991, ao segurado do Regime Geral de Previdência Social que comprovar tempo de efetivo exercício de atividade sujeita a condições especiais que efetivamente prejudiquem a saúde, cumprido até a data de entrada em vigor desta Emenda Constitucional, vedada a conversão para o tempo cumprido após esta data. § 3º Considera-se nula a aposentadoria que tenha sido concedida ou que venha a ser concedida por regime próprio de previdência social com contagem recíproca do Regime Geral de Previdência Social mediante o cômputo de tempo de serviço sem o recolhimento da respectiva contribuição ou da correspondente indenização pelo segurado obrigatório responsável, à época do exercício da atividade, pelo recolhimento de suas próprias contribuições previdenciárias.

Art. 26. Até que lei discipline o cálculo dos benefícios do regime próprio de previdência social da União e do Regime Geral de Previdência Social, será utilizada a média aritmética simples dos salários de contribuição e das remunerações adotados como base para contribuições a regime próprio de previdência social e ao Regime Geral de Previdência Social, ou como base para contribuições decorrentes das atividades militares de que tratam os arts. 42 e 142 da Constituição Federal, atualizados monetariamente, correspondentes a 100% (cem por cento) do período contributivo desde a competência julho de 1994 ou desde o início da contribuição, se posterior àquela competência.

§ 1º A média a que se refere o caput será limitada ao valor máximo do salário de contribuição do Regime Geral de Previdência Social para os segurados desse regime e para o servidor que ingressou no serviço público em cargo efetivo após a implantação do regime de previdência complementar ou que tenha exercido a opção correspondente, nos termos do disposto nos §§ 14 a 16 do art. 40 da Constituição Federal.

§ 2º O valor do benefício de aposentadoria corresponderá a 60% (sessenta por cento) da média aritmética definida na forma prevista nocaputeno no § 1º, com acréscimo de 2 (dois) pontos percentuais para cada ano de contribuição que exceder o tempo de 20 (vinte) anos de contribuição nos casos: I - do inciso II do § 6º do art. 4º, do § 4º do art. 15, do § 3º do art. 16 e do § 2º do art. 18;

II - do § 4º do art. 10, ressalvado o disposto no inciso II do § 3º e no § 4º deste artigo; III - de aposentadoria por incapacidade permanente aos segurados do Regime Geral de Previdência Social, ressalvado o disposto no inciso II do § 3º deste artigo; e IV - do § 2º do art. 19 e do § 2º do art. 21, ressalvado o disposto no § 5º deste artigo.

§ 3º O valor do benefício de aposentadoria corresponderá a 100% (cem por cento) da média aritmética definida na forma prevista nocaputeno no § 1º: I - no caso do inciso II do § 2º do art. 20; II - no caso de aposentadoria por incapacidade permanente, quando decorrer de acidente de trabalho, de doença profissional e de doença do trabalho.

§ 4º O valor do benefício da aposentadoria de que trata o inciso III do § 1º do art. 10 corresponderá ao resultado do tempo de contribuição dividido por 20 (vinte) anos, limitado a um inteiro, multiplicado pelo valor apurado na forma docaputdo § 2º deste artigo, ressalvado o caso de cumprimento de critérios de acesso para aposentadoria voluntária que resulte em situação mais favorável.

§ 5º O acréscimo a que se refere ocaputdo § 2º será aplicado para cada ano que exceder 15 (quinze) anos de tempo de contribuição para os segurados de que tratam a alínea "a" do inciso I do § 1º do art. 19 e o inciso I do art. 21 e para as mulheres filiadas ao Regime Geral de Previdência Social.

§ 6º Poderão ser excluídas da média as contribuições que resultem em redução do valor do benefício, desde que mantido o tempo mínimo de contribuição exigido, vedada a utilização do tempo excluído para qualquer finalidade, inclusive para o acréscimo a que se referem os §§ 2º e 5º, para a averbação em outro regime previdenciário ou para a obtenção dos proventos de inatividade das atividades de que tratam os arts. 42 e 142 da Constituição Federal.

§ 7º Os benefícios calculados nos termos do disposto neste artigo serão reajustados nos termos estabelecidos para o Regime Geral de Previdência Social.

Art. 27. Até que lei discipline o acesso ao salário-família e ao auxílio-reclusão de que trata o inciso IV do art. 201 da Constituição Federal, esses benefícios serão concedidos apenas àqueles que tenham renda bruta mensal igual ou inferior a R$ 1.364,43 (mil, trezentos e sessenta e quatro reais e quarenta e três centavos), que serão corrigidos pelos mesmos índices aplicados aos benefícios do Regime Geral de Previdência Social.

§ 1º Até que lei discipline o valor do auxílio-reclusão, de que trata o inciso IV do art. 201 da Constituição Federal, seu cálculo será realizado na forma daquele aplicável à pensão por morte, não podendo exceder o valor de 1 (um) salário-mínimo.

§ 2º Até que lei discipline o valor do salário-família, de que trata o inciso IV do art. 201 da Constituição Federal, seu valor será de R$ 46,54 (quarenta e seis reais e cinquenta e quatro centavos).

Art. 28. Até que lei altere as alíquotas da contribuição de que trata a Lei nº 8.212, de 24 de julho de 1991, devidas pelo segurado empregado, inclusive o doméstico, e pelo trabalhador avulso, estas serão de: I - até 1 (um) salário-mínimo, 7,5% (sete inteiros e cinco décimos por cento); II - acima de 1 (um) salário-mínimo até R$ 2.000,00 (dois mil reais), 9% (nove por cento); III - de R$ 2.000,01 (dois mil reais e um centavo) até R$ 3.000,00 (três mil reais), 12% (doze por cento); e IV - de R$ 3.000,01 (três mil reais e um centavo) até o limite do salário de contribuição, 14% (quatorze por cento).

§ 1º As alíquotas previstas no caput serão aplicadas de forma progressiva sobre o salário de contribuição do segurado, incidindo cada alíquota sobre a faixa de valores compreendida nos respectivos limites.

§ 2º Os valores previstos no caput serão reajustados, a partir da data de entrada em vigor desta Emenda Constitucional, na mesma data e com o mesmo índice em que se der o reajuste dos benefícios do Regime Geral de Previdência Social, ressalvados aqueles vinculados ao salário-mínimo, aos quais se aplica a legislação específica.

Art. 29. Até que entre em vigor lei que disponha sobre o § 14 do art. 195 da Constituição Federal, o segurado que, no somatório de remunerações auferidas no período de 1 (um) mês, receber remuneração inferior ao limite mínimo mensal do salário de contribuição poderá: I - complementar a sua contribuição, de forma a alcançar o limite mínimo exigido; II - utilizar o valor da contribuição que exceder o limite mínimo de contribuição de uma competência em outra; ou III - agrupar contribuições inferiores ao limite mínimo de diferentes competências, para aproveitamento em contribuições mínimas mensais. Parágrafo único. Os ajustes de complementação ou agrupamento de contribuições previstos nos incisos I, II e III docaputsomente poderão ser feitos ao longo do mesmo ano civil.

 Art. 30. A vedação de diferenciação ou substituição de base de cálculo decorrente do disposto no § 9º do art. 195 da Constituição Federal não se aplica a contribuições que substituam a contribuição de que trata a alínea "a" do inciso I do caput do art. 195 da Constituição Federal instituídas antes da data de entrada em vigor desta Emenda Constitucional.

Art. 31. O disposto no § 11 do art. 195 da Constituição Federal não se aplica aos parcelamentos previstos na legislação vigente até a data de entrada em vigor desta Emenda Constitucional, sendo vedadas a reabertura ou a prorrogação de prazo para adesão.

Art. 32. Até que entre em vigor lei que disponha sobre a alíquota da contribuição de que trata a Lei nº 7.689, de 15 de dezembro de 1988, esta será de 20% (vinte por cento) no caso das pessoas jurídicas referidas no inciso I do § 1º do art. 1º da Lei Complementar nº 105, de 10 de janeiro de 2001.

Art. 33. Até que seja disciplinada a relação entre a União, os Estados, o Distrito Federal e os Municípios e entidades abertas de previdência complementar na forma do disposto nos §§ 4º e 5º do art. 202 da Constituição Federal, somente entidades fechadas de previdência complementar estão autorizadas a administrar planos de benefícios patrocinados pela União, Estados, Distrito Federal ou Municípios, inclusive suas autarquias, fundações, sociedades de economia mista e empresas controladas direta ou indiretamente.

Art. 34. Na hipótese de extinção por lei de regime previdenciário e migração dos respectivos segurados para o Regime Geral de Previdência Social, serão observados, até que lei federal disponha sobre a matéria, os seguintes requisitos pelo ente federativo: I - assunção integral da responsabilidade pelo pagamento dos benefícios concedidos durante a vigência do regime extinto, bem como daqueles cujos requisitos já tenham sido implementados antes da sua extinção; II - previsão de mecanismo de ressarcimento ou de complementação de benefícios aos que tenham contribuído acima do limite máximo do Regime Geral de Previdência Social; III - vinculação das reservas existentes no momento da extinção, exclusivamente: a) ao pagamento dos benefícios concedidos e a conceder, ao ressarcimento de contribuições ou à complementação de benefícios, na forma dos incisos I e II; e b) à compensação financeira com o Regime Geral de Previdência Social. Parágrafo único. A existência de superavit atuarial não constitui óbice à extinção de regime próprio de previdência social e à consequente migração para o Regime Geral de Previdência Social.

Art. 35. Revogam-se: I - os seguintes dispositivos da Constituição Federal: a) o § 21 do art. 40; b) o § 13 do art. 195; II - os arts. 9º, 13 e 15 da Emenda Constitucional nº 20, de 15 de dezembro de 1998; III - os arts. 2º, 6º e 6º-A da Emenda Constitucional nº 41, de 19 de dezembro de 2003;

IV - o art. 3º da Emenda Constitucional nº 47, de 5 de julho de 2005. Art. 36. Esta Emenda Constitucional entra em vigor: I - no primeiro dia do quarto mês subsequente ao da data de publicação desta Emenda Constitucional, quanto ao disposto nos arts. 11, 28 e 32; II - para os regimes próprios de previdência social dos Estados, do Distrito Federal e dos Municípios, quanto à alteração promovida pelo art. 1º desta Emenda Constitucional no art. 149 da Constituição Federal e às revogações previstas na alínea "a" do inciso I e nos incisos III e IV do art. 35, na data de publicação de lei de iniciativa privativa do respectivo Poder Executivo que as referende integralmente; III - nos demais casos, na data de sua publicação. Parágrafo único. A lei de que trata o inciso II do caput não produzirá efeitos anteriores à data de sua publicação. Brasília, em 12 de novembro de 2019

Mesa da Câmara dos Deputados Mesa do Senado Federal Deputado RODRIGO MAIA Presidente Senador DAVI ALCOLUMBRE Presidente Deputado MARCOS PEREIRA 1º Vice-Presidente Senador

ANTONIO ANASTASIA 1º Vice-Presidente Deputado LUCIANO BIVAR 2º Vice-Presidente Senador LASIER MARTINS 2º Vice-Presidente Deputada SORAYA SANTOS 1ª Secretária Senador SÉRGIO PETECÃO 1º Secretário Deputado MÁRIO HERINGER 2º Secretário Senador EDUARDO GOMES 2º Secretário Deputado FÁBIO FARIA 3º Secretário Senador FLÁVIO BOLSONARO 3º Secretário Deputado ANDRÉ FUFUCA 4º Secretário Senador LUIS CARLOS HEINZE 4º Secretário.

---

[1] Regime Geral de Previdência Social (RGPS).

[2] Regime Próprio de Previdência Social (RPPS).

[3] Redutor utilizado na concessão de aposentadorias que leva em conta a idade e expectativa de vida do segurado, para a partir daí fixar a Renda Mensal Inicial das aposentadorias.

[4] Consolidação das Leis do Trabalho (CLT).

[5] De acordo com o estabelecido no subitem 15.1.5 da Norma Regulamentadora de nº 15 do Ministério do Trabalho Limite de Tolerância é conceituado da seguinte forma: "Entende-se por "Limite de Tolerância", para fins dessa Norma, a concentração ou intensidade máxima ou mínima, relacionada com a natureza e o tempo de exposição ao agente, que não causará dano a saúde do trabalhador, durante sua vida laboral."

[6] O sistema de pontos ocorre com a soma da idade com o tempo de contribuição do segurado. A pontuação para aposentadoria por tempo de contribuição vai de 86/100 pontos para as mulheres e de 69 a 105 pontos para os homens. A partir de 2020 a pontuação sobe 1 ponto ao ano.